吉林全書

著述編

⑨

吉林文史出版社

圖書在版編目（CIP）數據

吴大澂集．二 /（清）吴大澂撰．-- 长春：吉林文史出版社，2025. 5. --（吉林全書）. -- ISBN 978-7-5752-1118-5

Ⅰ．Z429.52

中國國家版本館 CIP 數據核字第 20255SR567 號

WU DACHENG JI ER

吴大澂集　二

撰　　者　［清］吴大澂
出 版 人　張　强
責任編輯　王　非　王麗環
封面設計　溯成設計工作室
出版發行　吉林文史出版社
地　　址　長春市福祉大路5788號
郵　　編　130117
電　　話　0431-81629356
印　　刷　吉林省吉廣國際廣告股份有限公司
印　　張　27.5
字　　數　82千字
開　　本　787mm × 1092mm　1/16
版　　次　2025年5月第1版
印　　次　2025年5月第1次印刷
書　　號　ISBN 978-7-5752-1118-5
定　　價　138.00圓

《吉林全書》編纂委員會

主　任　曹路寶

副主任　王　穎　張志偉　王　迪　劉立新　孫光芝　于　强　鮑盛華　張四季

劉信君　李德山　鄭　毅

編　委

（按姓氏音序排列）

安　靜　陳艷華　程　明　費　馳　高福順　韓戾軍　胡維革　黃　穎

姜維公　姜　洋　蔣金玲　竭寶峰　李　理　李少鵬　劉奉文　劉　樂

劉立强　羅冬陽　呂　萍　施立學　孫洪軍　孫　宇　孫澤山　佟大群

王　非　王麗華　魏　影　吴愛雲　吴長安　薛　剛　楊洪友　姚淑慧

禹　平　張　强　張　勇　趙春江　朱立春

總序

『長白雄東北，嵯峨俯塞州。』吉林省地處中國東北中心區域，是中華民族世代生存融合的重要地域，素有『白山松水』之地的美譽。歷史上，華夏、濊貊、肅慎和東胡族系先民很早就在這片土地上繁衍生息，高句麗、渤海國等中國東北少數民族政權在白山松水間長期存在，以契丹族、女真族、蒙古族、滿族融合漢族在内的多民族形成的遼、金、元、清四個朝代，共同賦予吉林歷史文化悠久獨特的優勢和魅力，決定了吉林文化不可替代的特色與價值，具有緊密呼應中華文化整體而又與衆不同的生命力量，見證了中華民族共同體的融鑄和我國統一多民族國家的形成與發展。

提到吉林，自古多以千里冰封的寒冷氣候爲人所知，一度是中原人士望而生畏的苦寒之地，一派肅殺之氣。再加上吉林文化在自身發展過程中存在着多次斷裂，致使衆多文獻湮没、典籍無徵，一時多少歷史文化精粹『明珠蒙塵』，因此，形成了一種吉林缺少歷史積澱，文化不若中原地區那般繁盛的偏見。實際上，在數千年的漫長歲月中，吉林大地上從未停止過文化創造，自青銅文明起，從先秦到秦漢，再到隋唐直至明清，吉林地區不僅文化上不輸中原地區，還對中華文化産生了深遠的影響，爲後人留下了衆多優秀古籍，涵養着吉林文化的根脉，猶如璀璨星辰，在歷史的浩瀚星空中閃耀着奪目光輝，標注着地方記憶的傳承與中華文明的賡續。我們需要站在新的歷史高度，用另一種眼光去重新審視吉林文化的深邃與廣闊，通過豐富的歷史文獻典籍去閲讀吉林文化的傳奇與輝煌。

吉林歷史文獻典籍之豐富，源自其歷代先民的興衰更替、生生不息。吉林文化是一個博大精深的體系，從左家山文化的『中華第一龍』，到西團山文化的青銅時代遺址，再到二龍湖遺址的燕國邊城，都見證了吉林大地的文明在中國歷史長河中的肆意奔流。早在兩千餘年前，高句麗人的《黄鳥歌》《人參贊》以及《留記》等文史作品就已在吉林誕生，成爲吉林地區文學和歷史作品的早期代表作。高句麗文人之《新集》，渤海國人『疆理雖重海，車書本一家』之詩篇，金代海陵王詩詞中的『一咏一吟，冠絶當時』，再到金代文學的『華實相扶，骨力遒上』，皆凸顯出吉林不遜文教，獨具風雅之本色。

吉林歷史文獻典籍之豐富，源自其地勢四達并流、山水環繞。吉林土地遼闊而肥沃，山河壯美而令人神往，吉林大地可耕可牧、可漁可獵，無門庭之限，亦無山河之隔，進出便捷，四通八達。沈兆褆在《吉林紀事詩》中寫道，『肅慎先徵孔氏書』，印證了東北邊疆與中原交往之久遠。早在夏代，居住於長白山脚下的肅慎族就與中原建立了聯係。一部《吉林通志》，『考四千年之沿革，挈領提綱；綜五千里之方輿，辨方正位』，從時間和空間兩個維度，寫盡吉林文化之淵源深長。

吉林歷史文獻典籍之豐富，源自其民風剛勁、民俗絢麗。《長白徵存録》寫道，『日在深山大澤之中，伍鹿豕、耦虎豹，非素嫻技藝，無以自衛』，描繪了吉林民風的剛勁無畏，爲吉林文化平添了幾分豪放之感。清代藏書家張金吾也在《金文最》中評議，『知北地之堅强，絶勝江南之柔弱』，足可見，吉林大地與生俱來的豪健英杰之氣。同時，與中原文化的交流互通，也使邊疆民俗與中原民俗相互影響、不斷融合，既體現出敢於拼搏、鋭意進取的開拓精神，又兼具脚踏實地、穩中求實的堅韌品格。

吉林歷史文獻典籍之豐富，源自其諸多名人志士、文化先賢。自古以來，吉林就是文化的交流彙聚之地，從遼、金、元到明、清，每一個時代的文人墨客都在這片土地留下了濃墨重彩的文化印記。特别是，清代東北流人的私塾和詩社，爲吉林注入了新的文化血液，用中原的文化因素教化和影響了東北的人文氣質和文化形態；至近代以『吉林三杰』宋小濂、徐鼐霖、成多禄爲代表的地方名賢，以及寓居吉林的吴大澂、金毓黻、劉建封等文化名家，將吉林文化提升到了一個全新的高度，他們的思想、詩歌、書法作品中無一不體現着吉林大地粗狂豪放、質樸豪爽的民族氣質和品格，滋養了孜孜矻矻的歷代後人。

盛世修典，以文化人，是中華民族延續至今的優良傳統。我們在歷史文獻典籍中尋找探究有價值、有意義的歷史文化遺産，於無聲中見證了中華文明的傳承與發展。吉林省歷來重視地方古籍與檔案文獻的整理出版。自二十世紀八十年代以來，李澍田教授組織編撰的《長白叢書》，開啓了系統性整理、組織化研究吉林文獻典籍的先河，贏得了『北有長白，南有嶺南』的美譽；進入新時代以來，鄭毅教授主編的《長白文庫》叢書，繼續肩負了保護、整理吉林地方傳統文化典籍，弘揚民族精神的歷史使命，從大文化的角度折射出吉林文化的繽紛异彩。隨着《中國東北史》和《吉林通史》等一大批歷史文化學術著作的問世，形成了獨具吉林特色的歷史文化研究學術體系和話語體系，對融通古今、賡續文脉發揮了十分重要的作用。正是擁有一代又一代富有鄉邦情懷的吉林文化人的辛勤付出和豐碩成果，使我們具備了進一步完整呈現吉林歷史文化發展全貌，淬煉吉林地域文化之魂的堅實基礎和堅定信心。

當前，吉林振興發展正處在滚石上山、爬坡過坎的關鍵時期，機遇與挑戰并存，困難與希望同在。站在這樣的歷史節點，迫切需要我們堅持高度的歷史自覺和人文情懷，以文獻典籍爲載體，全方位梳理和展示吉林政治、經濟、社會、文化發展的歷史脉絡，讓更多人瞭解吉林歷史文化的厚度和深度，感受這片土地獨有的文化基因和精神氣質。

鑒於此，吉林省委、省政府作出了實施《吉林全書》編纂文化傳承工程的重大文化戰略部署，這不僅是深入學習貫徹習近平文化思想、認真落實黨中央關於推進新時代古籍工作要求的務實之舉，也是推進吉林優秀傳統文化保護傳承、建設文化强省的重要舉措。歷史文獻典籍是中華文明歷經滄桑留下的最寶貴的東西，是吉林優秀歷史文化『物』的載體，彙聚了古人思想的寶藏、先賢智慧的結晶。對歷史最好的繼承，就是創造新的歷史。傳承延續好這些寶貴的民族記憶，就是要通過深入挖掘古籍藴含的哲學思想、人文精神、價值理念、道德規範，推動中華優秀傳統文化創造性轉化、創新性發展，作用于當下以及未來的經濟社會發展，更好地用歷史映照現實、遠觀未來。這是我們這代人的使命，也是歷史和時代的要求。

從《長白叢書》的分散收集，到《長白文庫》的萃取收録，再到《吉林全書》的全面整理，以歷史原貌和文化全景的角度，進一步闡釋了吉林地方文明在中華文明多元一體進程中的地位作用，講述了吉林人民在不同歷史階段爲全國政治、經濟、文化繁榮所作的突出貢獻，勾勒出吉林文化的質實貞剛和吉林精神的雄健磊落、慷慨激昂，引導全省廣大幹部群衆更好地瞭解歷史、瞭解吉林，挺起文化脊梁、樹立文化自信，不斷增强砥礪奮進的恒心、韌勁和定力，持續激發創新創造活力，提振幹事創業的精氣神，爲吉林高品質發展明顯進位、全面振興取得新突破提供有力文化支撑，彙聚强大精神力量。

爲扎實推進《吉林全書》編纂文化傳承工程，我們組建了以吉林東北亞出版傳媒集團爲主體，涵蓋高等院校、研究院所、新聞出版、圖書館、博物館等多個領域專業人員的《吉林全書》編纂委員會，并吸收國内知名清史、民族史、遼金史、東北史、古典文獻學、古籍保護、數字技術等領域專家學者組成顧問委員會，經過認真調研、反復論證，形成了《〈吉林全書〉編纂文化傳承工程實施方案》，確定了『收集要全、整理要細、研究要深、出版要精』的工作原則，明確提出在編纂過程中不選編、不新創，尊重原本、致力全編，力求全方位展現吉林文化的多元性和完整性。在做好充分準備的基礎上，《吉林全書》編纂文化傳承工程於二〇二四年五月正式啓動。

爲高質量完成編纂工作，編委會對吉林古籍文獻進行了空前的彙集，廣泛聯絡國内衆多館藏單位，尋訪民間收藏人士，重點以吉林省方志館、東北師範大學圖書館、長春師範大學圖書館、吉林省社科院爲收集源頭開展了全面的挖掘、整理和集納；同時，還與國家圖書館、上海圖書館、南京圖書館、遼寧省圖書館、吉林省圖書館、吉林市圖書館等館藏單位及各地藏書家進行對接洽談，獲取了充分而精准的文獻信息。同時，專家學者們也通過各界友人廣徵稀見，在法國國家圖書館、日本國立國會圖書館、韓國國立中央圖書館等海外館藏機構搜集到諸多珍貴文獻。在此基礎上，我們以審慎的態度對收集的書目進行甄别、分類、整理和研究，形成了擬收録的典藏文獻名録，分爲著述編、史料編、雜集編和特編四個類别。此次編纂工程不同於以往之處，在於充分考慮吉林的地理位置和歷史變遷，將散落海内外的日文、朝鮮文、俄文、英文等不同文字的相關文獻典籍一并集納收録，并以原文搭配譯文的形式收於特編之中。截至目前，我們已陸續對一批底本最善、價值較高的珍稀古籍進行影印出版，爲館藏單位、科研機構、高校院所以及歷史文化研究者、愛好者提供參考和借鑒。

『周雖舊邦，其命維新』，文獻典籍最重要的價值在於活化利用。編纂《吉林全書》并不意味着把古籍束之高閣，而是要在『整理古籍、複印古書』的基礎上，加强對歷史文化發展脉絡的前後貫通、左右印證，更好地服務於對吉林歷史文化的深入挖掘研究。爲此，我們同步啓動實施了『吉林文脉傳承工程』，旨在通過『研究古籍、出版新書』，讓相關學術研究成果以新編新創的形式著述出版，借助歷史智慧和文化滋養，通過創造性轉化、創新性發展，探尋當前和未來的發展之路，以守正創新的正氣和鋭氣，賡續歷史文脉、譜寫當代華章。

做好《吉林全書》編纂文化傳承工程是一項『汲古潤今，澤惠後世』的文化事業，責任重大、使命光榮。我們將秉持敬畏歷史、敬畏文化之心，以精益求精、止於至善的工作信念，上下求索、耕耘不輟，爲實現文化種子『藏之名山，傳之後世』的美好願景作出貢獻。

《吉林全書》編纂委員會

二〇二四年十二月

凡例

一、《吉林全書》（以下簡稱《全書》）旨在全面系統收集整理和保護利用吉林歷史文獻典籍，傳播弘揚吉林歷史文化，推動中華優秀傳統文化傳承發展。

二、《全書》收録文獻地域範圍，首先依據吉林省當前行政區劃，然後上溯至清代吉林將軍、寧古塔將軍所轄區域内的各類文獻。

三、《全書》收録文獻的時間範圍，分爲三個歷史時段，即一九一一年以前，一九一二至一九四九年，一九四九年以後。每個歷史時段的收録原則不同，即一九一一年以前的重要歷史文獻，收集要『全』；一九一二至一九四九年間的重要典籍文獻，收集要『精』；一九四九年以後的著述豐富多彩，收集要『精益求精』。

四、《全書》所收文獻以『吉林』爲核心，着重收録歷代吉林籍作者的代表性著述，流寓吉林的學人著述，以及其他以吉林爲研究對象的專門著述。

五、《全書》立足於已有文獻典籍的梳理、研究，不新編、新著、新創。出版方式是重印、重刻。

六、《全書》按收録文獻内容，分爲著述編、史料編、雜集編和特編四類。

著述編收録吉林籍官員、學者、文人的代表性著作，亦包括非吉林籍人士流寓吉林期間創作的著作。作品主要爲個人文集，如詩集、文集、詞集、書畫集等。

史料編以歷史時間爲軸，收録一九四九年以前的歷史檔案、史料、著述，包含吉林的考古、歷史、地理資料等；收録吉林歷代方志，包括省志、府縣志、專志、鄉村村約、碑銘格言、家訓家譜等。

雜集編收録關於吉林的政治、經濟、文化、教育、社會生活、人物典故、風物人情的著述。
特編收録就吉林特定選題而研究編著的特殊體例形式的著述。重點研究認定『滿鐵』文史研究資料和東北亞各民族不同語言文字的典籍等。關於特殊歷史時期，比如，東北淪陷時期日本人以日文編寫的『滿鐵』資料作爲專題進行研究，以書目形式留存，或進行數字化處理。開展對滿文、蒙古文，高句麗史、渤海史、遼金史的研究，對國外研究東北地區史和高句麗史、渤海史、遼金史的研究成果，先作爲資料留存。

七、《全書》出版形式以影印爲主，影印古籍的字體版式與文獻底本基本保持一致。

八、《全書》整體設計以正十六開開本爲主，對於部分特殊内容，如，考古資料等書籍采用一比一的比例還原呈現。

九、《全書》影印文獻每種均撰寫提要或出版説明，介紹作者生平、文獻内容、版本源流、文獻價值等情況。影印底本原有批校、題跋、印鑒等，均予保留。底本有漫漶不清或缺頁者，酌情予以配補。

十、《全書》所收文獻根據篇幅編排分册，篇幅適中者單獨成册，篇幅較大者分爲序號相連的若干册，篇幅較小者按類型相近或著作歸屬原則數種合編一册。數種文獻合編一册以及一種文獻分成若干册的，頁碼均單排。若一本書中收録兩種及以上的文獻，將設置目録。各册按所在各編下屬細類及全書編目順序編排序號，全書總序號則根據出版時間的先後順序排列。

吴大澂集 二

〔清〕吴大澂 撰

提要

本集收録著述三種：

《吴愙齋先生篆書銅柱銘》：清光緒十二年（一八八六），吴大澂與俄勘定邊界，立一銅柱，高十二尺，上刻銘文：『疆域有表國有維，此柱可立不可移』。此爲拓本。附葉昌熾、易朝鼎、柯劭忞等人贊叙。一九二〇年蘇州振新書社影印本。

《恒軒所見所藏吉金録》：中國古器物圖録。兩册。成書於光緒十一年（一八八五），集吴大澂、潘祖蔭等十家收藏。收録商周青銅器九十五件，兵器两件，秦器三件，漢以後三十六件，共一百三十六件，自繪器物圖形，比例準確，唯編次未分時代，於器物不記大小尺寸，有釋文的僅見盂鼎一器。

《古玉圖考》：古玉研究著作，考玉器之源流，證以經傳。成書於光緒十五年（一八八九），家刊本，同年上海同文書局石版影印出版。共録玉器百餘件，均繪有附圖，并按類記述器物尺寸、名稱、用途、年代及考釋文圖并茂，對研究中國古代玉器有較高的參考價值。

爲盡可能保存古籍底本原貌，本書做影印出版，因此，書中個别特定歷史背景下的作者觀點及表述内容，不代表編者的學術觀點和編纂原則。

目録

吳愙齋先生篆書銅柱銘

庚申三月
海虞徐鏡寰題

中俄邊界銅柱銘精拓本

程德全

蘇州振新書社影印

二年四

二

三

五

六

中俄邊

銅柱銘

九

十

不可移

光緒紀元之十有二載俄羅斯以畺場之事叩閽請勘於是憲齋先生奉 天子命馳赴琿春釐定邊界宣布威德俄人奉約束惟謹既藏事立銅柱為銘還 朝逾年即拜巡撫廣東之命僕以客游羊城得見拓本於以知先生遠猷碩畫受知 黼扆維古甫申蕃宣之績方召疆理之勳何以加茲銅柱之制莫先於漢新息侯唐則馬總也五代則馬希範也新息銅柱一在今憑祥州一在今

欽州分茅嶺又於林邑北岸立三柱為海界南立
五柱為山界前人引林邑記云建武十九年援植
兩銅柱於象林南與西屠國分漢之南疆銘之曰
銅柱折交阯滅是其柱嘗有字矣然攷水經注云
林邑岸北遺兵十餘家不反交州以其流寓號曰
馬流山川移易銅柱今在海中據此則林邑之柱
在六朝時即已淪沒波濤憑祥欽州二柱亦不可
考今分茅嶺有二柱即馬總所立也史稱總為安

南都護立二銅柱於漢故處是其事也粵東金 二
石略云柱當有唐刻字又引州志謂在州治之西
貼浪都古森峝明萬歷間有峝民親見之嶺去
銅柱半里許交人年〻以土培之今高不滿丈字跡
莫識蓋覃溪著録時深以不見此刻爲憾竊謂
新息所立歲遠莫攷希範其人不足道且溪州
二柱完好無恙拓本流傳金石家猶可據以著録
今所存而未題者惟分第二柱而已先生俾坊碩

德為國屏翰敷政之暇癖嗜三代吉金文字下逮古匋石墨皆登清祕此柱沉埋荒徼倘得訪而拓之俾欽州古刻甯贗碑後又增一種豈不快哉歲在丁亥長洲葉昌熾

我吉林東北鄙與俄羅斯東境接
壤康熙二十七年俄人擾邊我兵困
之於雅克薩城俄悔罪乞恩
聖祖遣麻城張文端公內大臣索額
圖往定邊界誌以碑亭二百年来
中俄民雜處相安今地趾時勢皆與

三

昔殊俄人叩關　請再定界
宸齋中丞奉　命偕琿春副都
統依公克唐阿與該國勘定立銅柱
以明疆域而垂久遠宣布威德折衝於
尊俎間其視馬援之征討交趾馬總
之羈縻安南當何如耶

窓齋文章經濟獨出冠時他日偉績
豐功實不可量茲已足垂不朽云
光緒丁亥春三月通家生繼格題于粵東軍署

四

石柱文傳埃及古湘陰郭侍郎使泰西曾見埃及古石柱有文多象形字磨
崖字審八濛訛何如一語維中外天許
重生馬伏波 一表以降二表至界畫分明
散邑槃目古銘金有深義他年此拓好
同看 聖清盛治古無比吾公勳業
世誰是似田首一千八百年裴岑功紀
等閒耳 丁亥二月
蹇齋中丞世伯大人命題恭求
誨正 姪江標時客嶺南

交趾銅柱世未窺先生示我自勒之銘辭蛟龍蟠
拏字崛奇氣象已足懾遠夷功名勿論將軍援
筆力兼追丞相斯欽察舊部限戎索盟府書在
思康熙興安嶺外甌脫地誰令偏處遼海涯王迹
所基周豐鎬地險所爭唐松維山河尺寸須愛惜
專命之使非公誰鮿生但愛篆刻古盃知立邵千

五

觥邏留犁捧酒遮馬獻要使文字留邊陲先生昔
渡松花江西師未羅台韓琦平生端有折簡計所
蘊者百祗一施燕然紀石他日事使我掩卷生嗟咨
清卿老前輩大人命題即乞
誨政　晚柯劭忞

鶉首何年醉賜秦華離畫界仗儒臣
珠盤讀誓戎心戢玉斧披圖帝命申
已見東胡捨甌脫尚憑西譯算由旬
漢銅蝕盡分茅嶺不遣提師下九真
君嘗自請帥師赴越南

清卿仁兄同年出視勘界東邊所立銅柱搨本率題一律奉
正 丁亥閏四月弟陳寶琛客廣州作

六

誰標一柱振坤維三輔東鄰漠
北垂大夏胡笳傳敕勒渾春漠
斷過條支畜收烏底河前遠
銘北燕然石上奇我亦交南
清界吏喜公来撰百蠻碑

清卿大中丞命題因乞鈞誨 楊宜治學句 丁亥七月越南差竣在廣州驛館

清卿大師大人 命題敬呈 鈞政

七

銅柱之制高丈二銅柱之銘文十四光緒丙戌孟夏置立此
德祠春萬世真同蜀相讋南人未許秦王覲東帝琿春
崖上碑穹窿大書深刻康熙中共濯𢿱靈二百載誰教
牧馬侵郊豐　儒林丈人今北斗武布文沈無不有早校
中經白虎文還斟絕塞黃龍酒天驕一夕哭燕支地險須
臾返鵜首混同江水連松花邊人喜見張侯查畫界無煩
宋玉斧湓盟不用唐金枷惟勞上將揮神筆瑑刻雕蟲
俱第一功名將軍援博德文字丞相斯去疾斷鼇煉石
輔媧皇泣鬼雨粟追倉頡炎風獵獵朱鳶來漢家舊銅
安在哉武帝竟棄珠厓郡黃尤敢射王母臺頗將此
桂峙南極一掃萬里浮雲開方今

軒羲甚神武自昔韓范皆過才新執元圭報
天子黄流到海平如矢滿目桃花春水紅回首榑桑暮
霞紫手挽狂瀾奠地維中流一柱非　公誰燉煌漫
論裴岑碣岣嶁方看夏禹碑

易順鼎

八

範銅作柱鎮東維天限華夷此界碑今日扶桑回首處當年槃木啟闢時功名鄧訓平羌易事業張騫鑿空奇不負黃龍清酒約邊庭歲〻祭生祠

王氣千年地發祥久聞邊宇淨欃槍八旗向日屏藩固一柱擎天幹輔強留取金湯成帶礪摩挲銅狄感滄桑青旂

紫蓋同消歇紙牘銘功字一行

愙齋尚書遺牘為文孫湖帆兄作 乙未元夕 葉德

皇威遠暢讋四裔重臣持節臨邊地鴻溝
一綫華夷分屹立金標詔來世古文深刻
蒼籀書大信不晉帶礪誓儆之立國在太
和高準采鬢冠則嵬雅克薩城界其南慶
奮螳臂當天戈七萃臨邊競傳檄一葦下
瀨先取禾卯肎汗立知順逆曰中國有聖
人出卯闕顏樹壇表民所嚮無侯大帽卒
慎守封圻二百年自屯羈縻勿與絕方今
尉候一卤東冠裳萬國皆來同中丞勳德
邁方召八表盡在經營中北徼既奏宣理

續南疆又見拊綏功歲惟丁亥地則粤示
哉銘詞出巨筆紅厓古字青海碑東國錦
山有奇特以視此刻殆庶幾翠墨璘斌貽
窮髮哉間銅柱古有三其始伏波馬征南
欽州補闕溪州繼後先落落如斬驂其人其
事未卓絕歐趙猶復窮幽探刻今中丞布
聖德譚笑折衝在尊俎籌邊既如范希文
嗜古又若鎦原父文章功德耀人寰此柱
也銘共千古　第十三行物訛特

愙齋先生大人訓正　孫傳鳳謹題

皇朝綏比羅不與諸國同前屬外蒙
古萬里橫提封西踰霍罕北控混
同東三省我根本四城我藩墉邦交
載盟府使館類公宮只各祇慎德邦欲
言膚功如何覘甌脫邈忘遍岐豐中
丞延陵裔觀樂知始終偕持軺蕩出
都統惟世忠義勇堪犁庭智策可從
戎誓書今尚在版索自

祖宗興阿嶺峨峨黑龍江洪洪射生老林邊
游牧松花濃乃今設施間標此衢膏銅
交趾馬新息南越陸大中偉績古難觀之
是儒林雄此舉殲營朔永奠穹廬空
中國有聖人無淮兩別風新疆是俄新疆本伊犁邊
琛賚即以通再誦燕然銘儼瞻天山弓

光緒丁亥夏五月

清卿撫軍出勘界中俄所立銅柱銘屬命題呈正

陳喬森

恒軒所見所藏吉金錄

余弱冠喜習繪事不能工洎官翰林好古吉金文字有所見輒手摹之或圖其形存于篋積久得百數十器遂付剞劂氏擬分二集以所見所藏標其目畧仿長安獲古編例而不為一家言其不注其氏器者皆潘伯寅師所藏此同治壬申癸酉閒所刻也十餘年来風塵鞅掌此事遂癈時有所獲不復能圖欲孜而釋之亦不果福山王廉生編修懿榮屢索印本因未成書久無以應版存于家慮為蟲齧姑編次之以貽同好光緒十一年乙酉冬十月吳縣吳大澂識

邵鐘

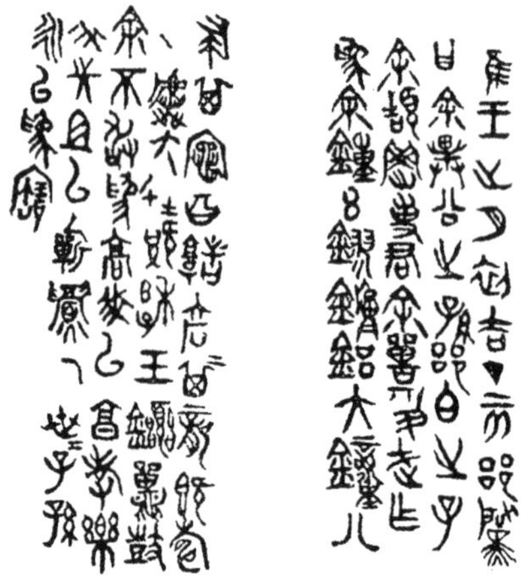

邵鐘

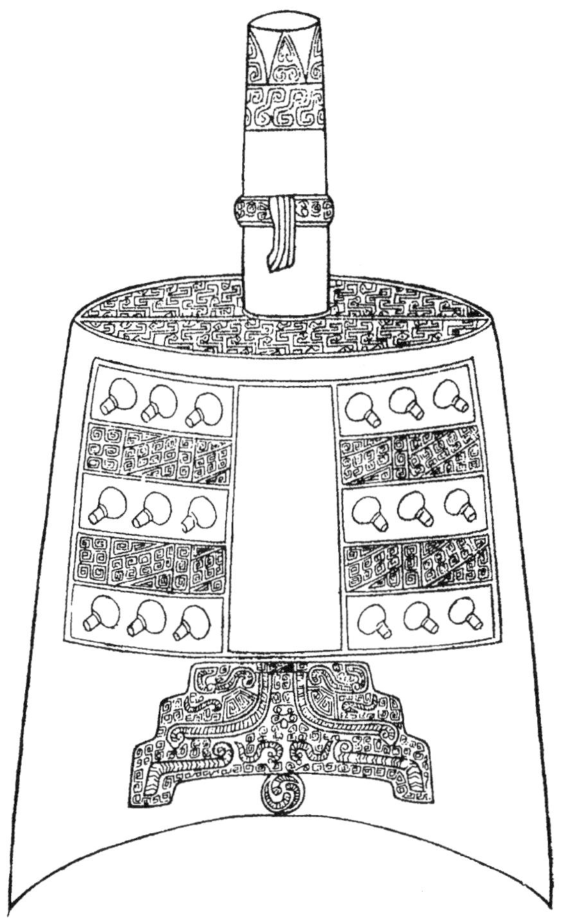

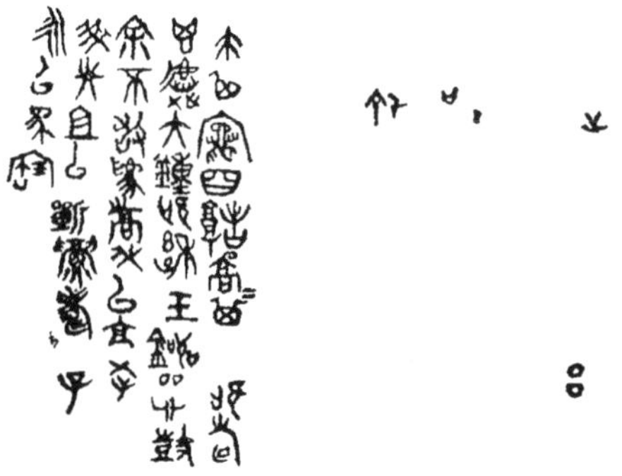

微子鼎

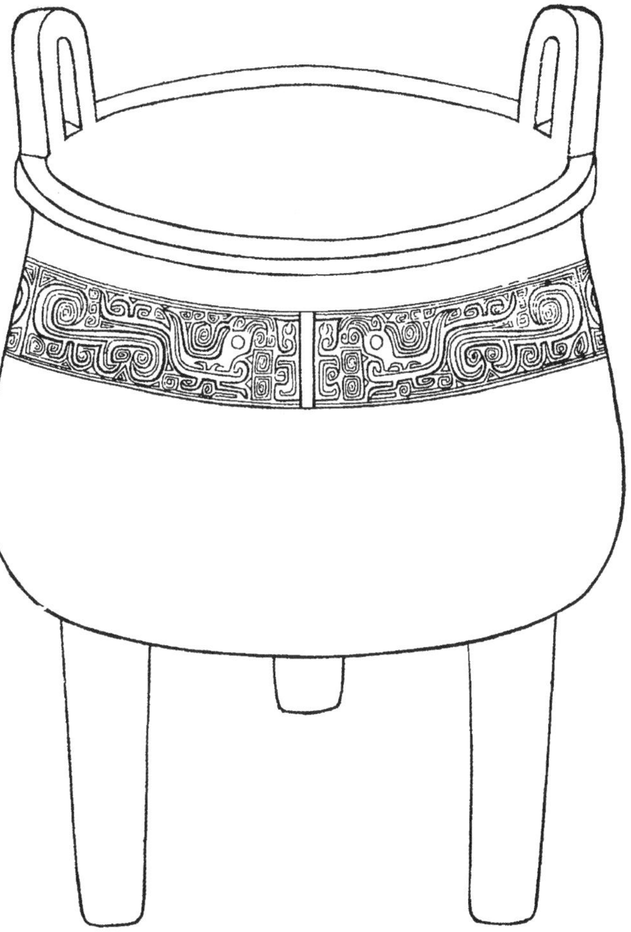

此器第四字恆軒中丞釋為泉殊誤案此字与散氏盤之[illegible]益公敦之[illegible]當是一字彼二器[illegible][illegible]二字余釋為眉此亦當是眉字也第一字亦非肩字

乙亥鼎

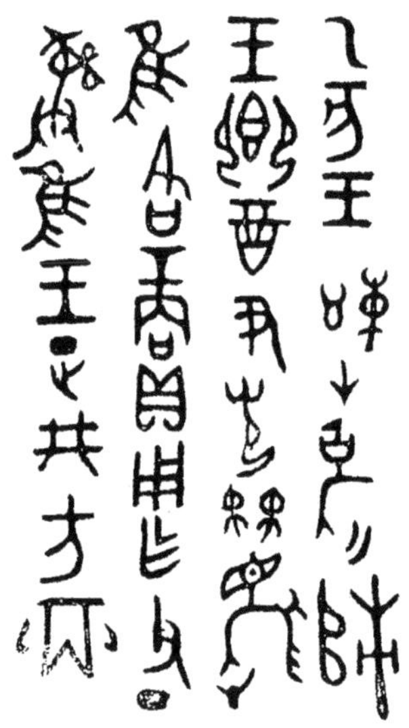

亞形父庚且辛鼎 三原劉氏藏器

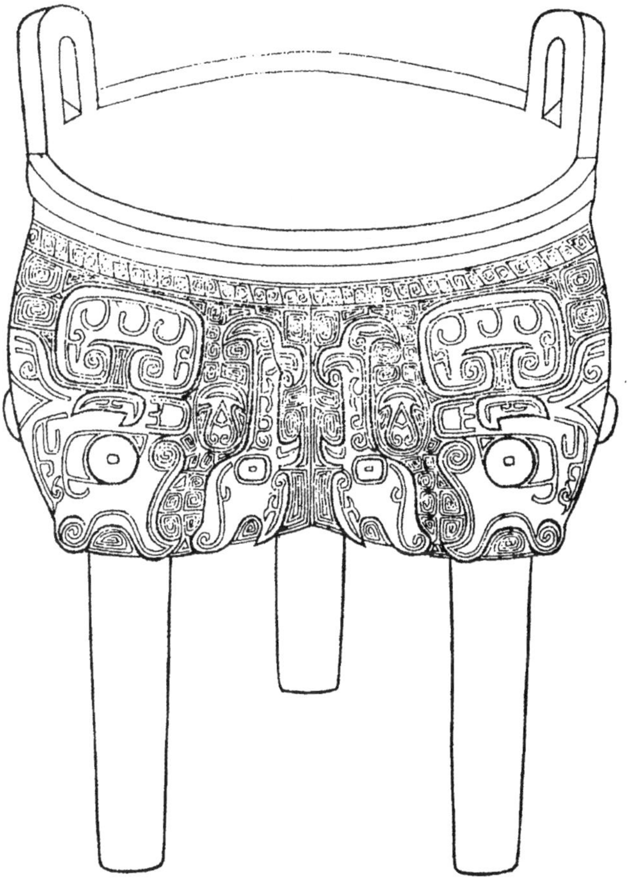

立旗形婦鼎

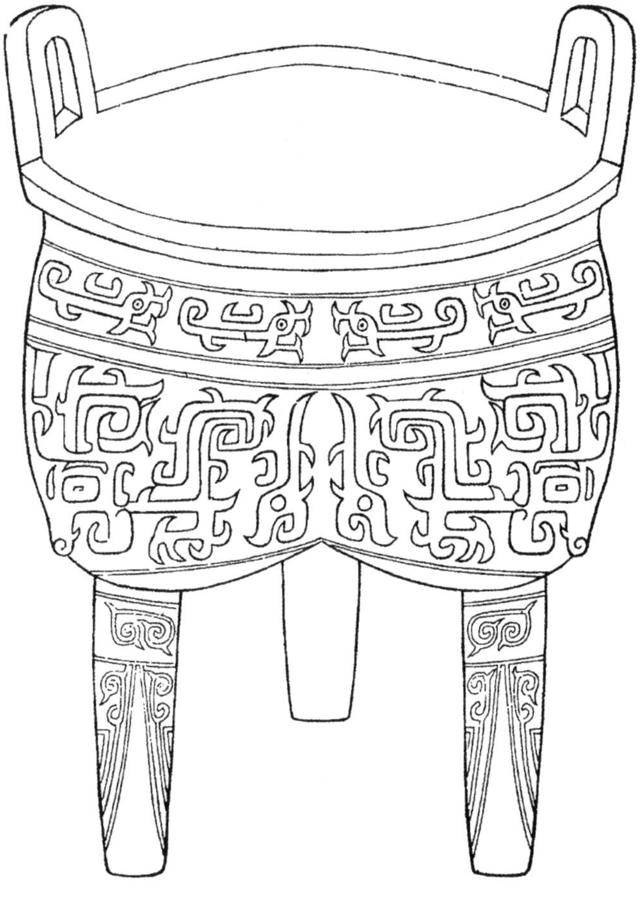

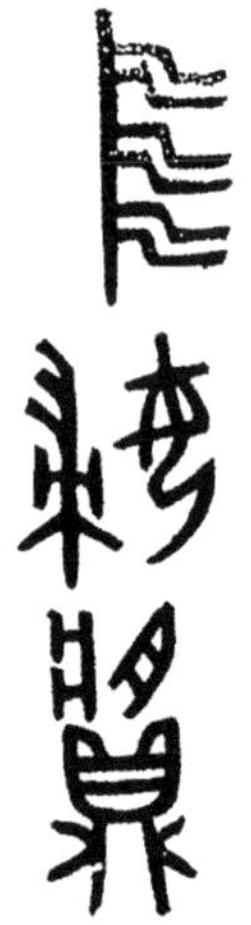

舉父丙鼎

蒲城楊氏藏器

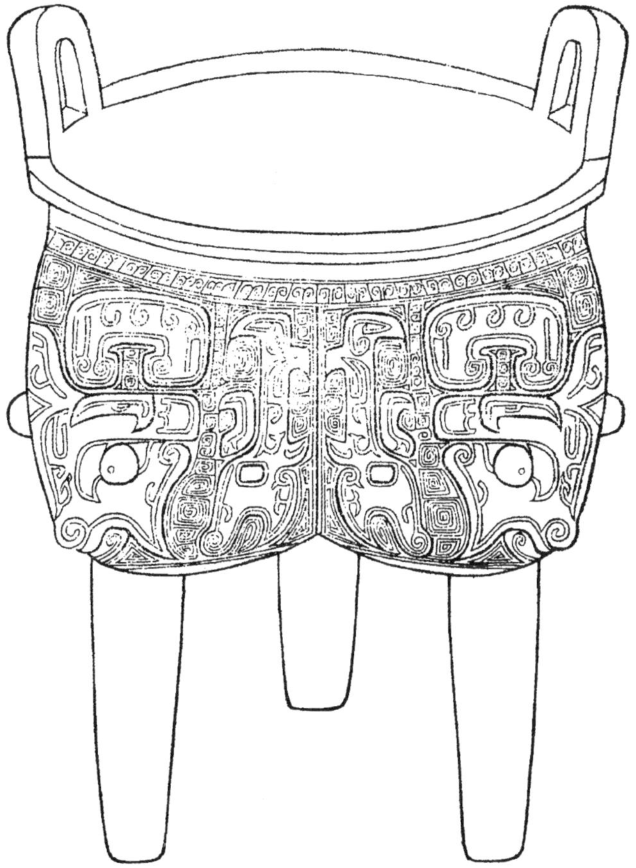

父丁象形鼎

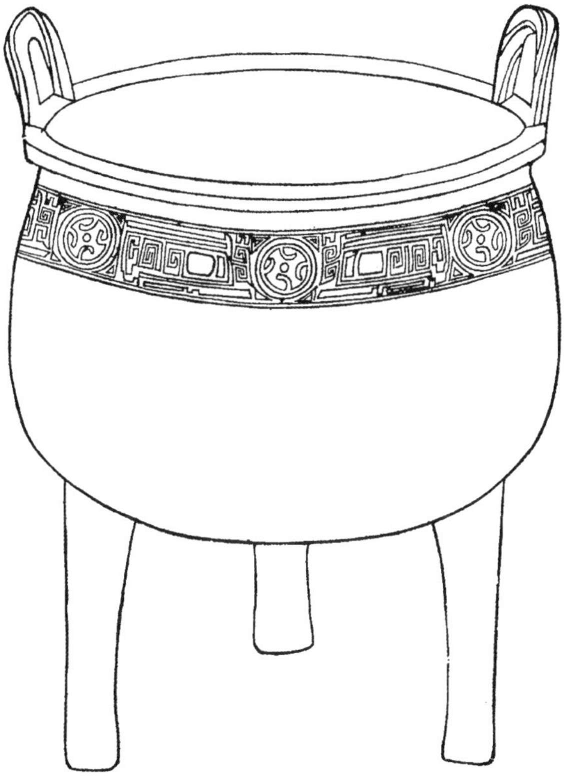

盂鼎

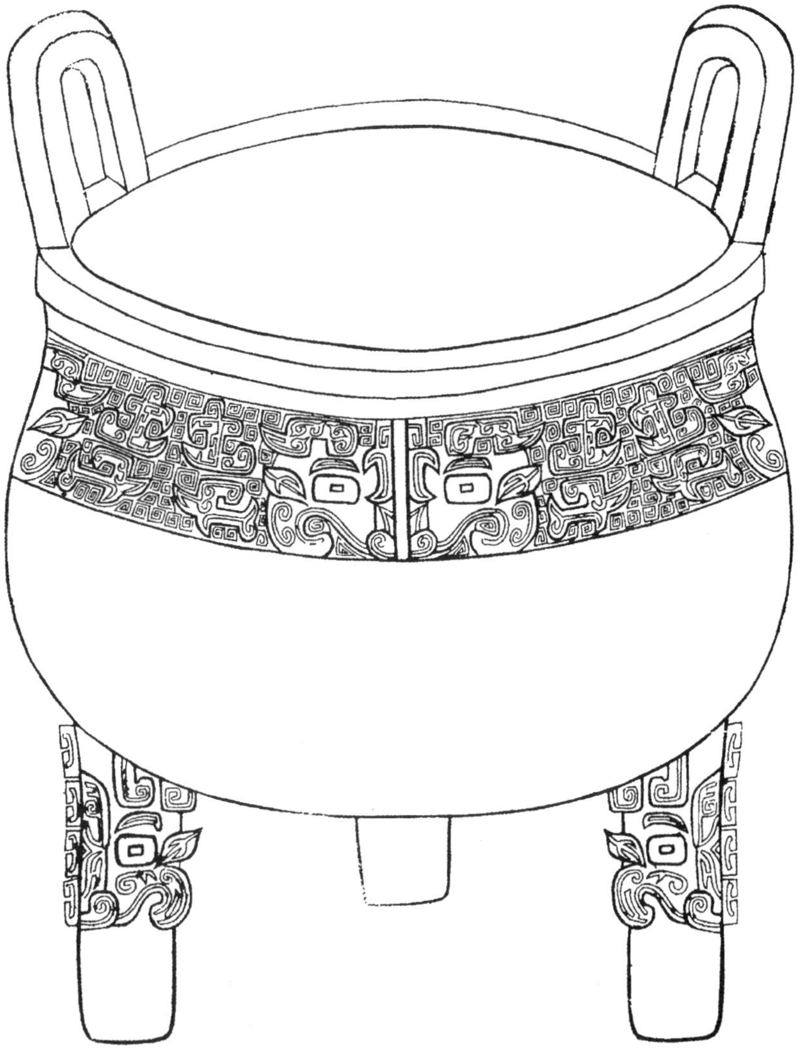

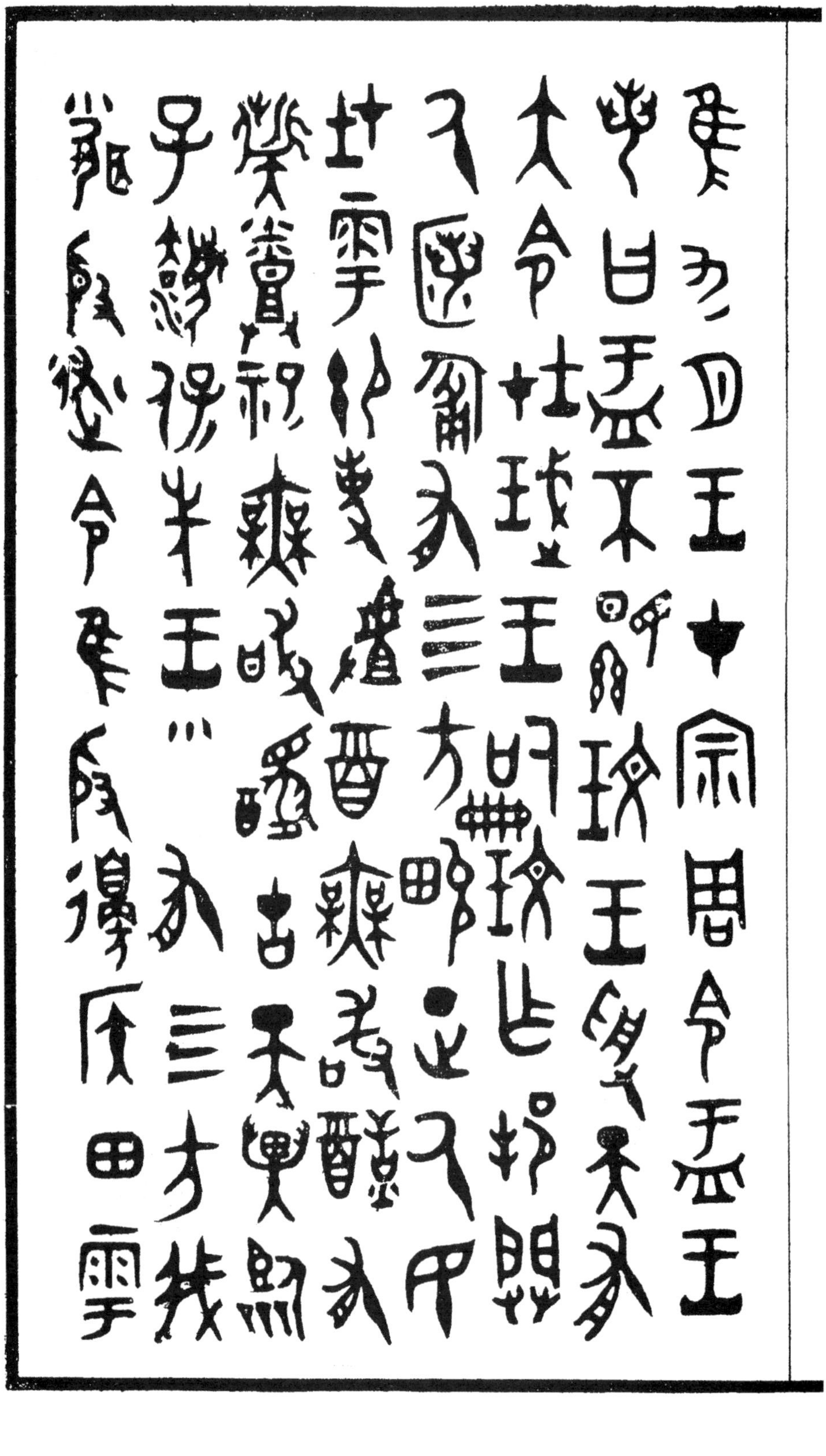

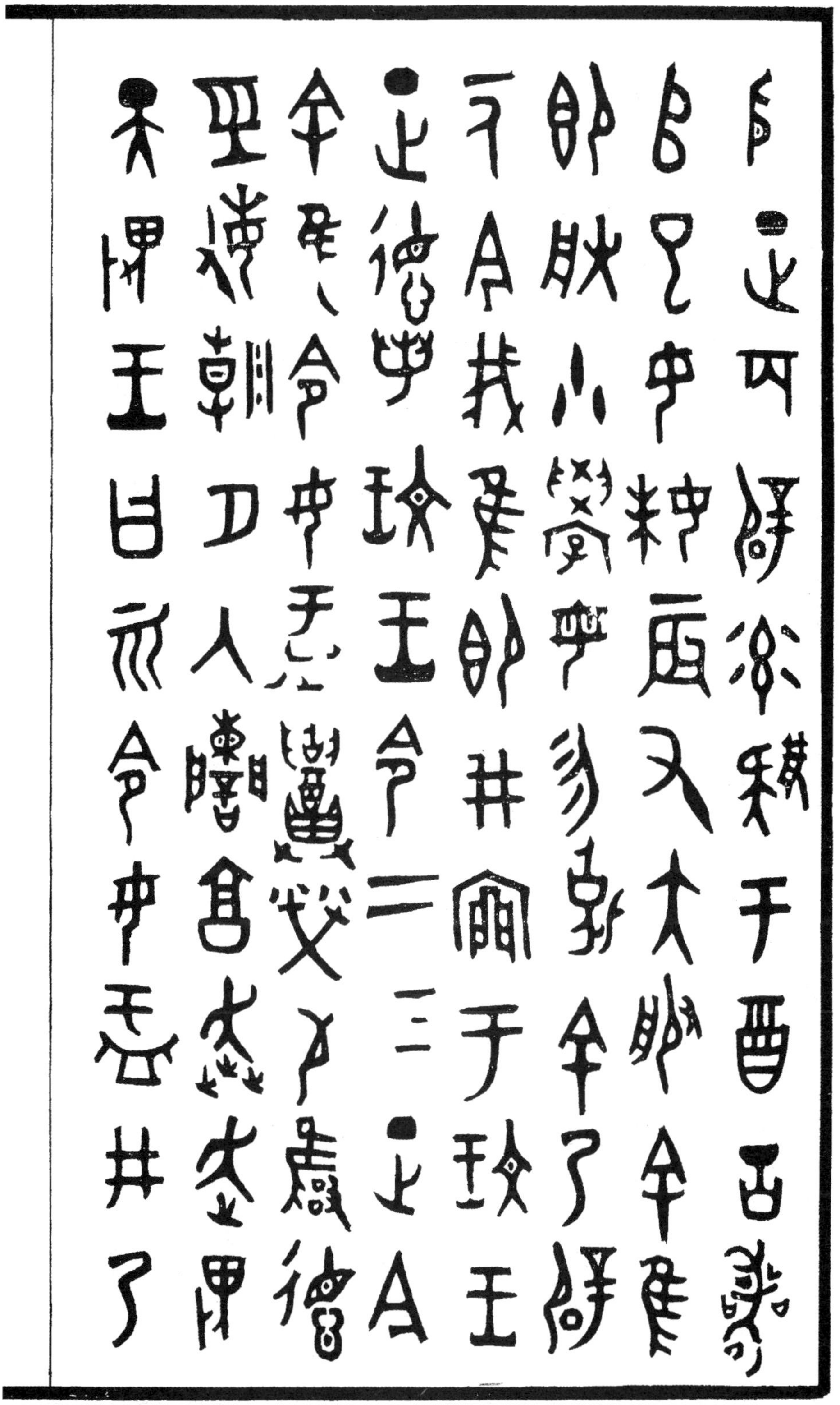

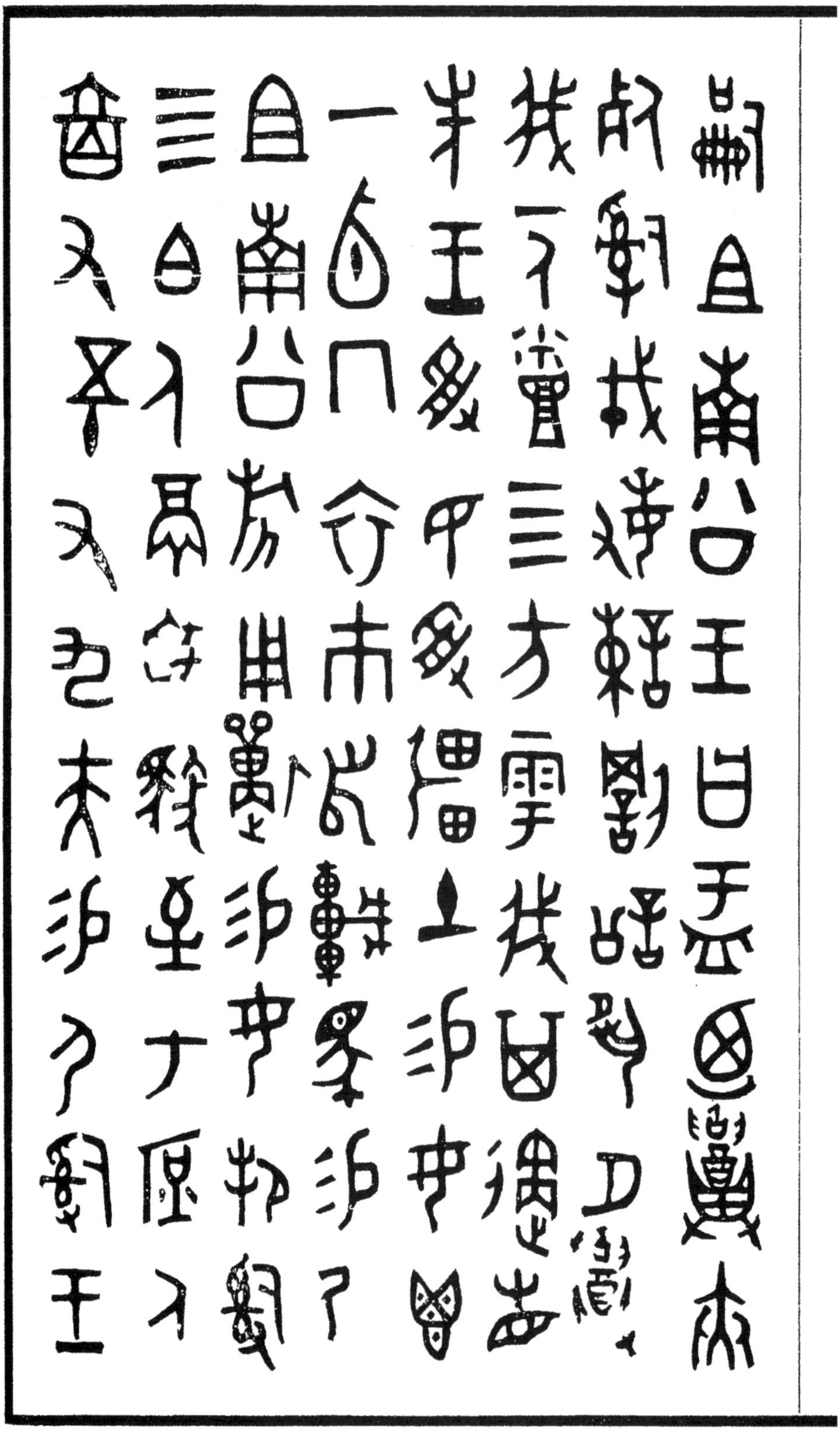

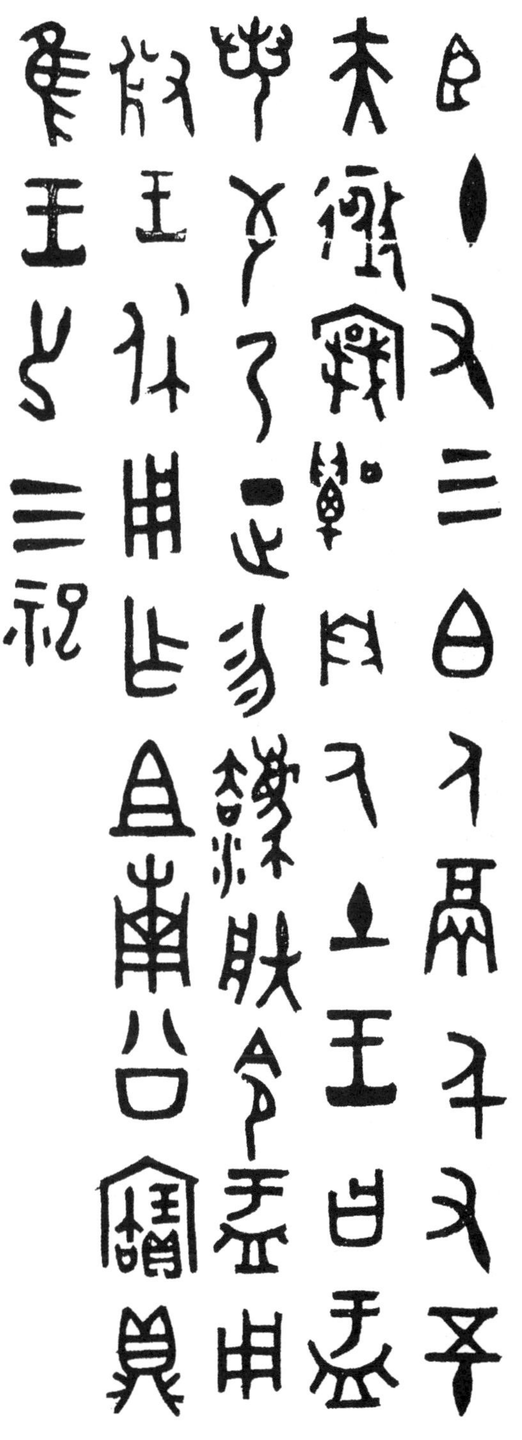

惟九月王在宗周命盂王若曰盂不丕顯

玟文王受天有大命在珷武王嗣玟文作邦閞闢

乃匿慝匍有三四方晩畯正乃民在粵即事叡

酉酒無敢醺酗有柴烝祀無敢醻古故天異翼臨
子灋保先王八有亖四方我𢦏殷述墜命惟
殷邊侯田甸粵𤔲正百辟率肆于酉酒古故喪
𠂤師巳女妹昧辰又有大服余惟即朕小學女
勿克余乃辟一人今我惟即井型㐭憲于玟文王
正德若玟文王命二三正今余惟命女盂
𠳿紹艾敬雝德巠經敏朝夕入諫言奔走畏
天畏王曰於命女盂井刑乃嗣祖南公王
曰盂迺𠳿紹夾死司戎敏諫勅罰訟夙夕𠳿紹

我一人豋闢三四方粤我其邁相先王受民受
彊土錫女鬯一卣冂冕衣市舄車馬錫乃
祖南公旂用獸錫女邦𤔲三四伯人鬲獻□
馭至于庶人六百又五十又九夫錫乃𤔲王
臣十又三伯人鬲獻千又五十夫𢓊殛窢㲉萬□
乃土王曰盂若敬乃正勿灋廢朕命盂用
對王休用作祖南公寶鼎惟王廿又三祀

師奎父鼎

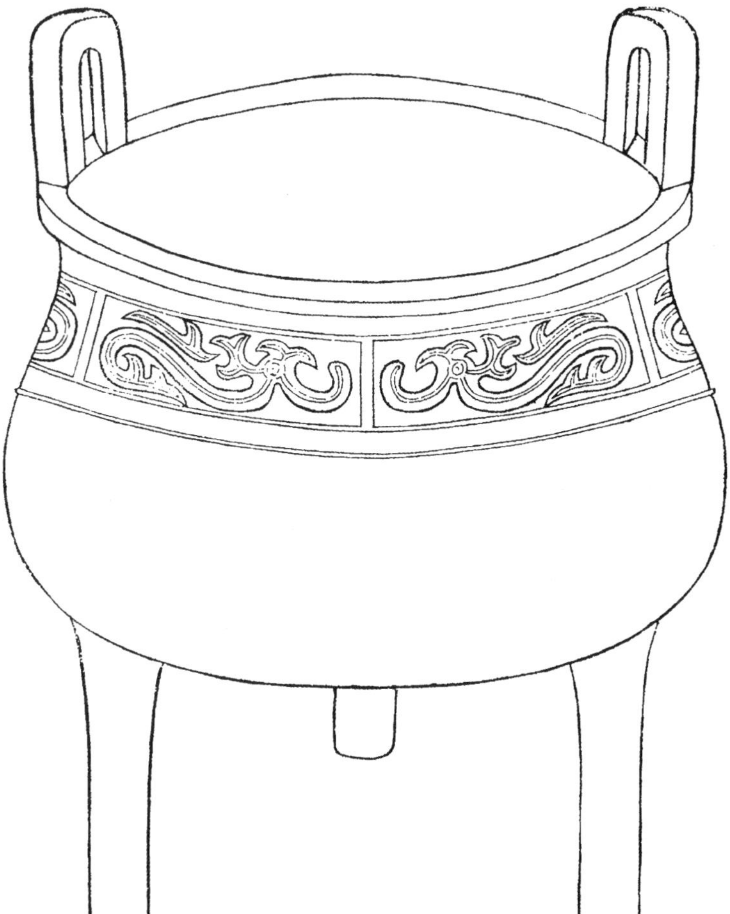

隹六月既生霸庚寅王
各于大室司馬井伯右
師奎父王乎內史駒冊
命師奎父賜䌹巿冋黃
玄衣黹純戈琱胾旂用
司乃父官友奎父拜䭫
首對揚天子丕顯魯休
用追考于剌仲用乍尊
鼎用匄眉壽黃耇吉康
師奎父其萬年子子孫孫永寶用

史頌鼎

隹三年五月丁子王才宗
周令史頌省穌友里君
百生帥偶盩于成周休有
成事穌賓章馬四吉金用
乍𩰫彝頌其萬年無疆日
遷天子顯令子子孫孫永寶用

蘇衛妃鼎

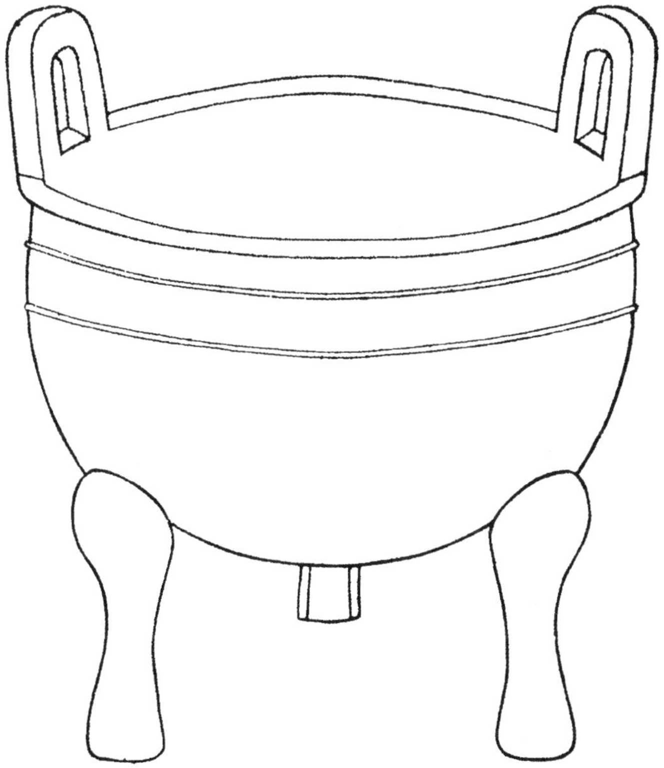

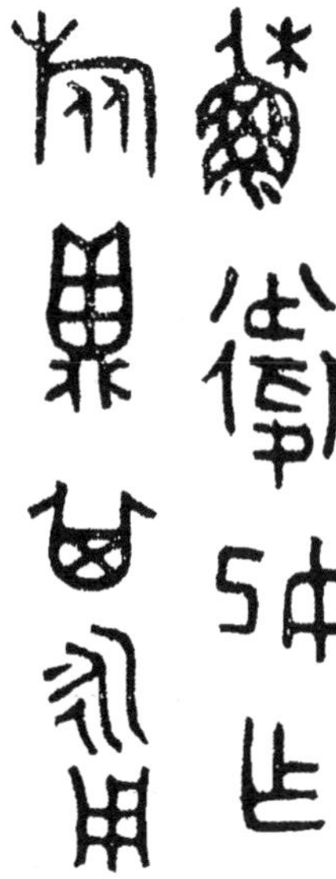

𡚱字諸家釋妃其實即己姓之己字也鄭語己姓昆吾蘇顧溫董此蘇衛妃即蘇國之女嫁于衛者下蘇公敦云蘇公作王改羞敦亦曰王登改之為蘇國姓也

匽矦鼎

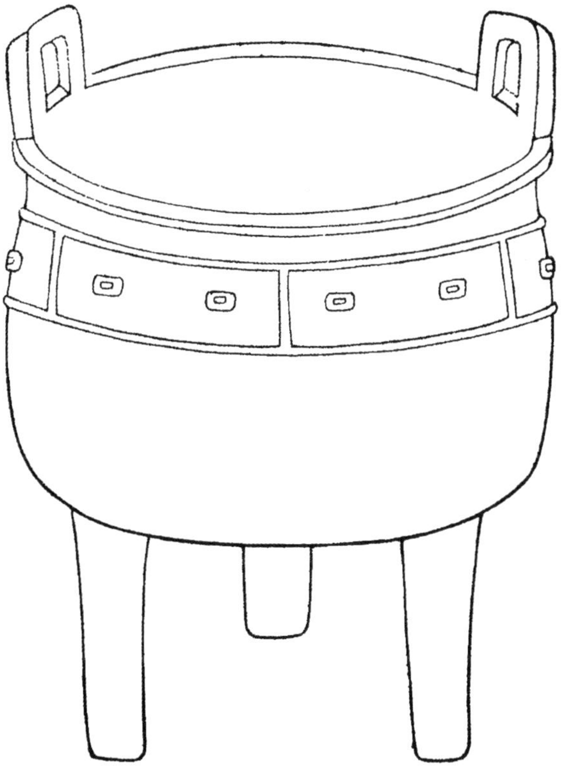

𣏟麕鼎

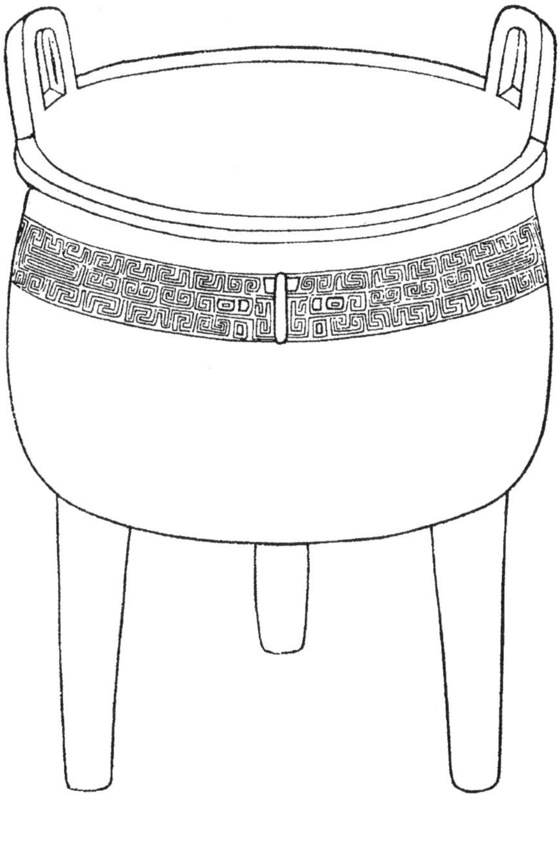

㱃鼎

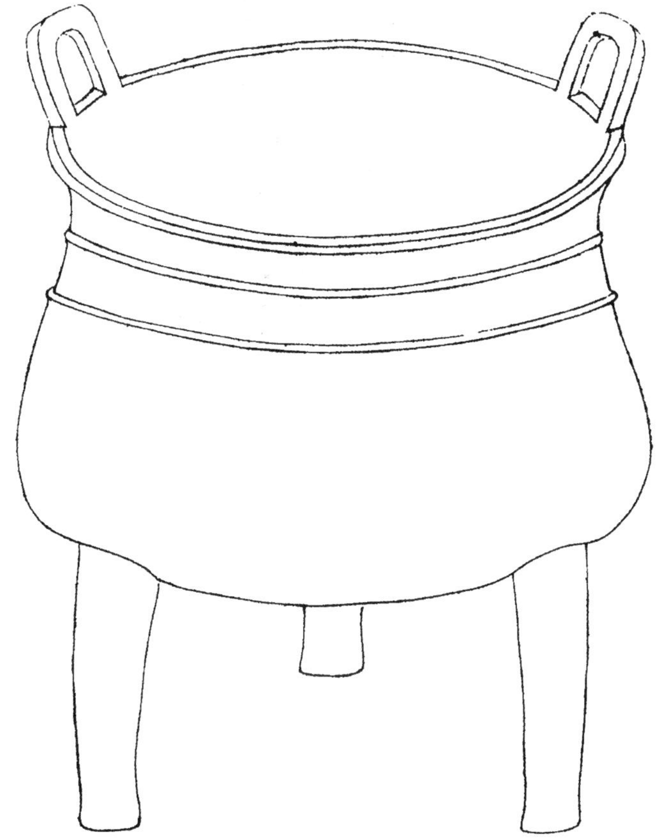

興鼎

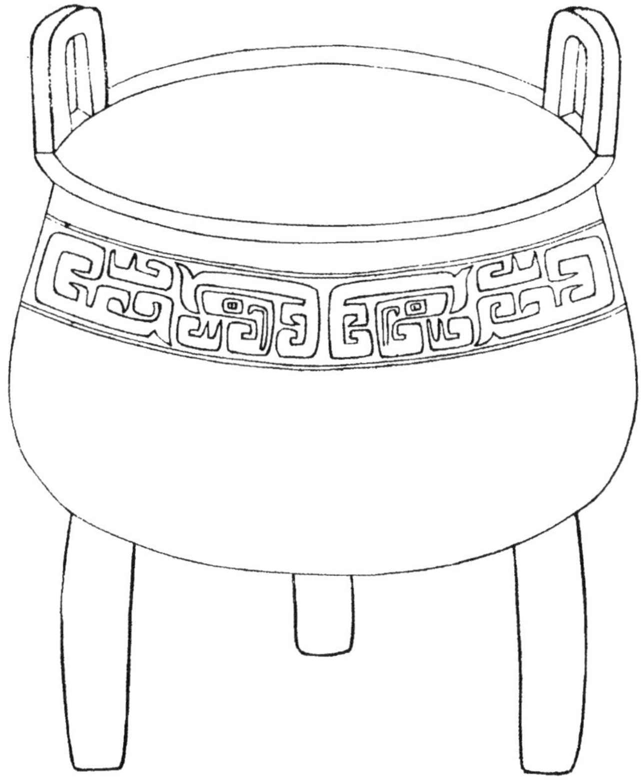

寶鼎

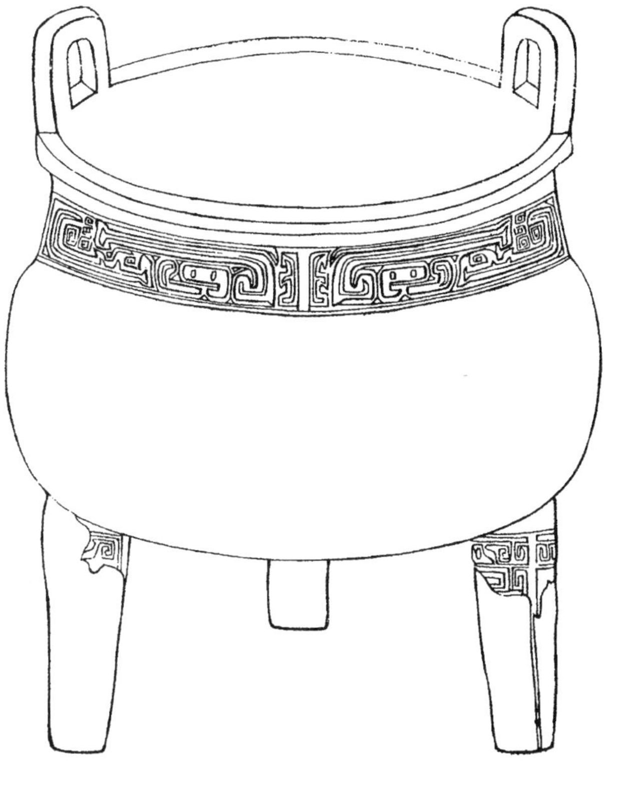

乍寶鼎

平安君鼎

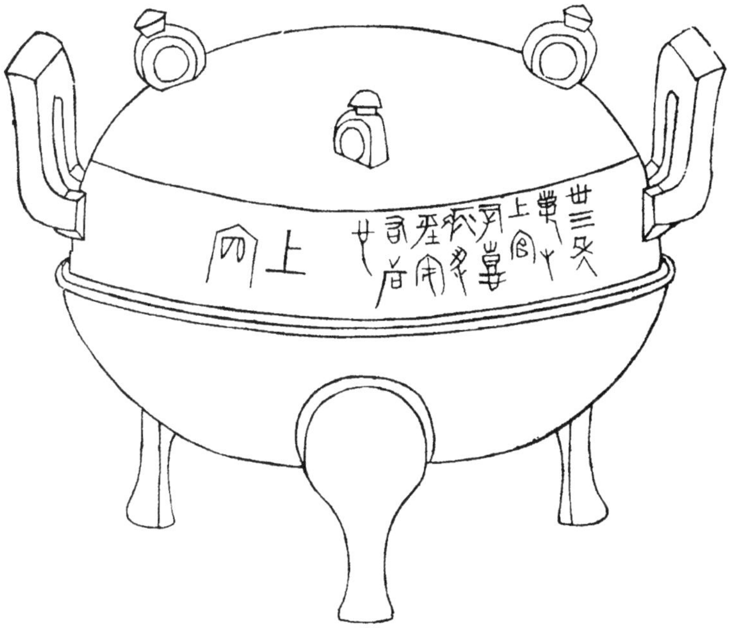

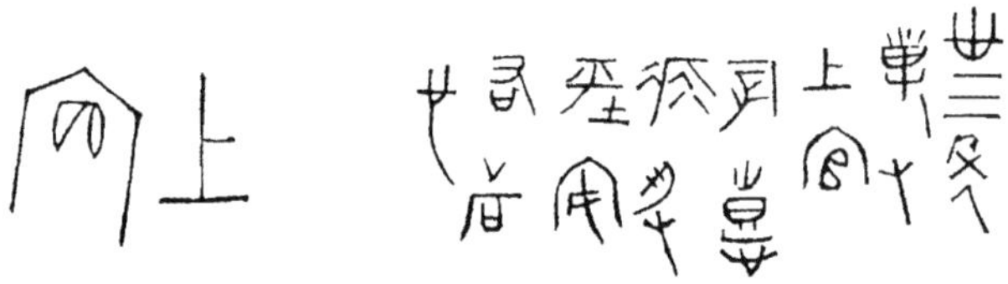

梁鼎蓋

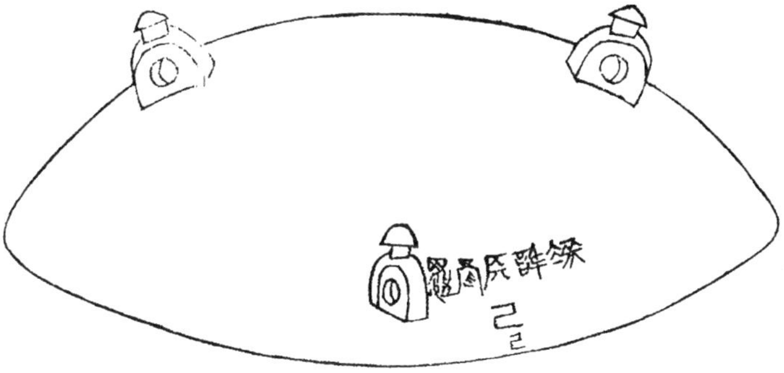

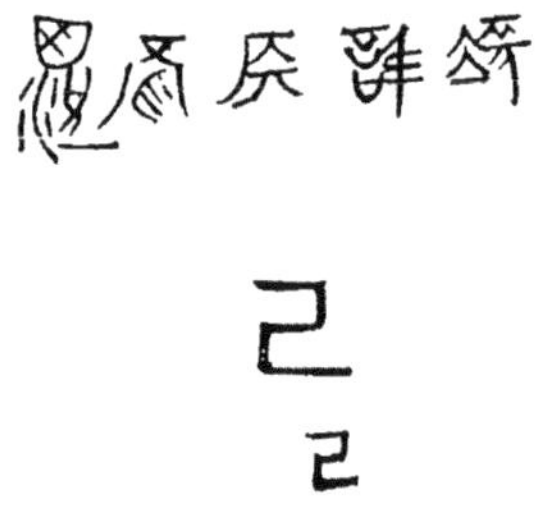

犧形敦

蒲城楊氏藏器

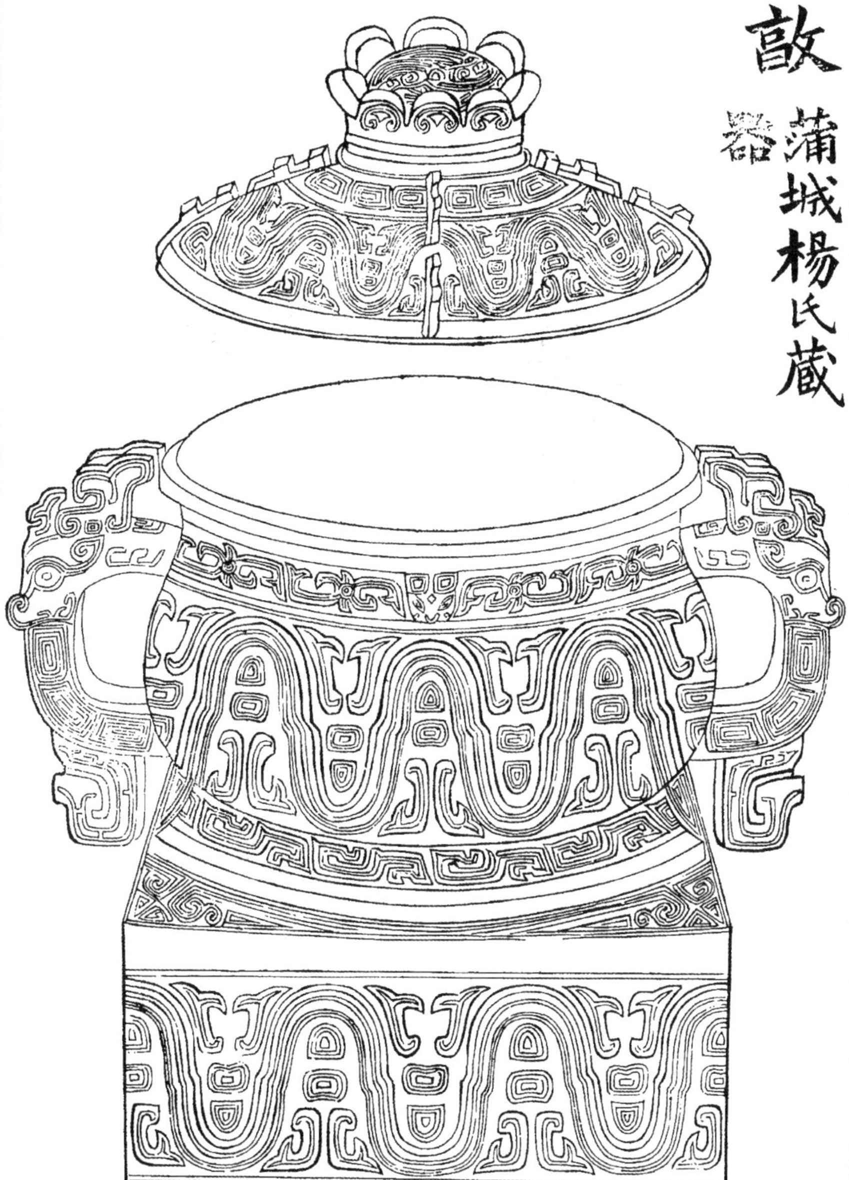

蓋

器

立旗彤敢

三原劉氏藏器

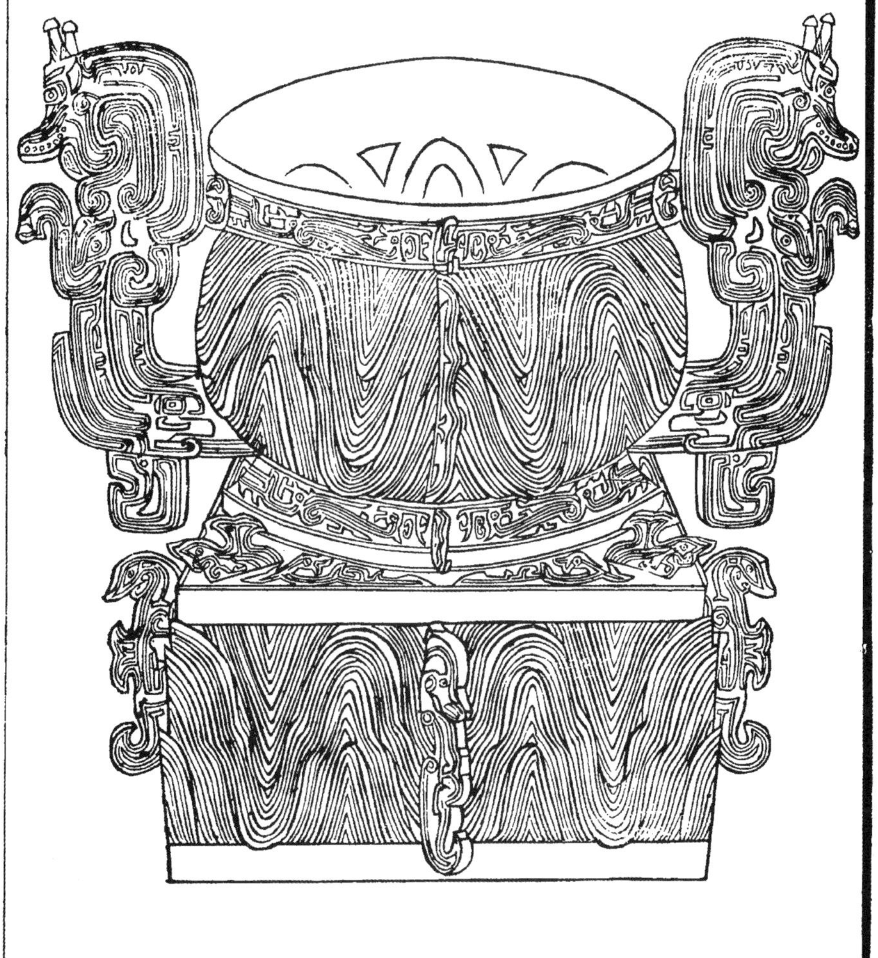

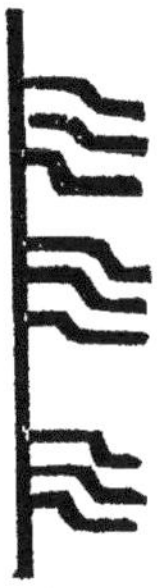

子執貝父癸𣪘

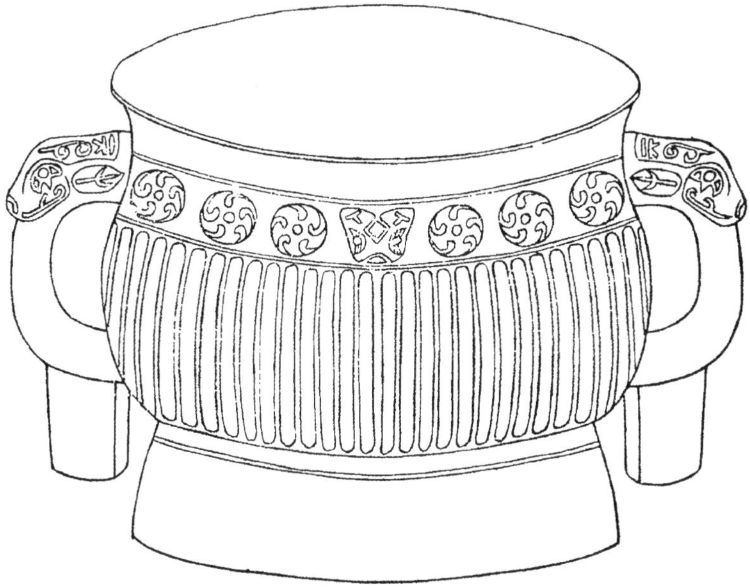

庚父辛敦

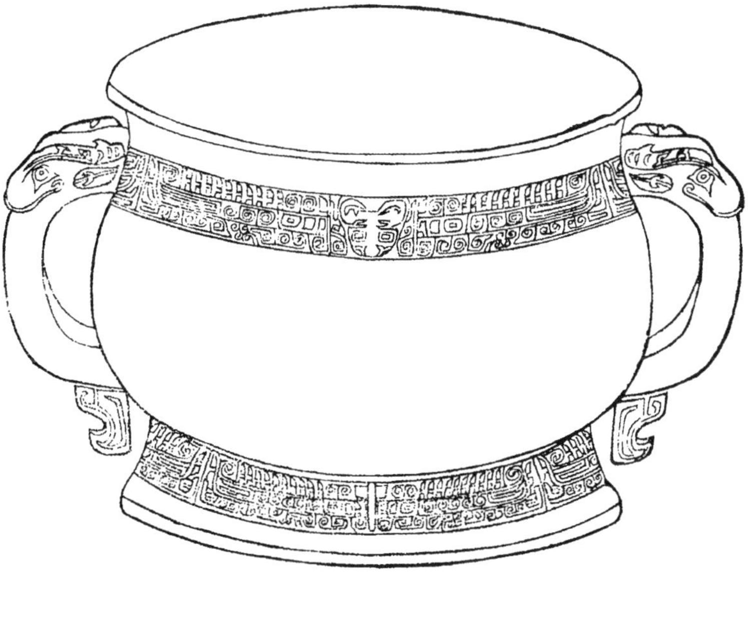

史頌敦

隹三年五月丁子王才宗
周令史頌省穌𤔲友里君
百生帥堣盩于成周休有
成事穌賓章馬四匹吉金用
乍䵼彝頌其萬年無疆日
運天子覭令子子孫孫永寶用

蓋

器

鬆敢

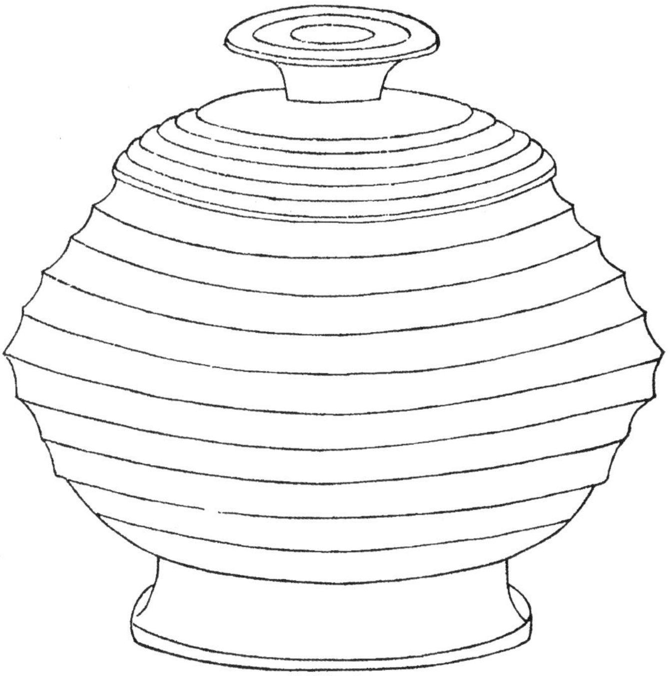

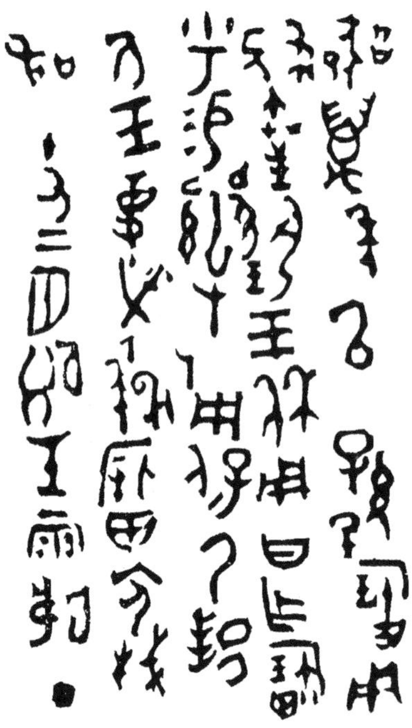

曩矦敨

白矩敦

蘇公敦

岐山宋氏藏器

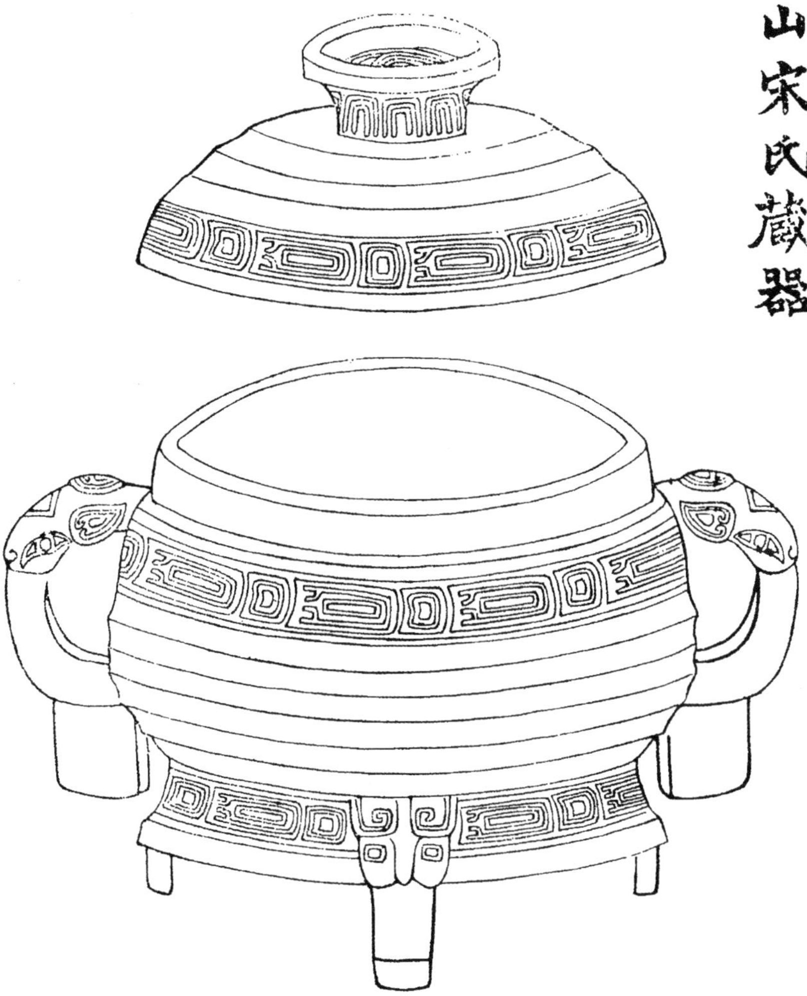

白𩰫敦 李勤伯太守藏器

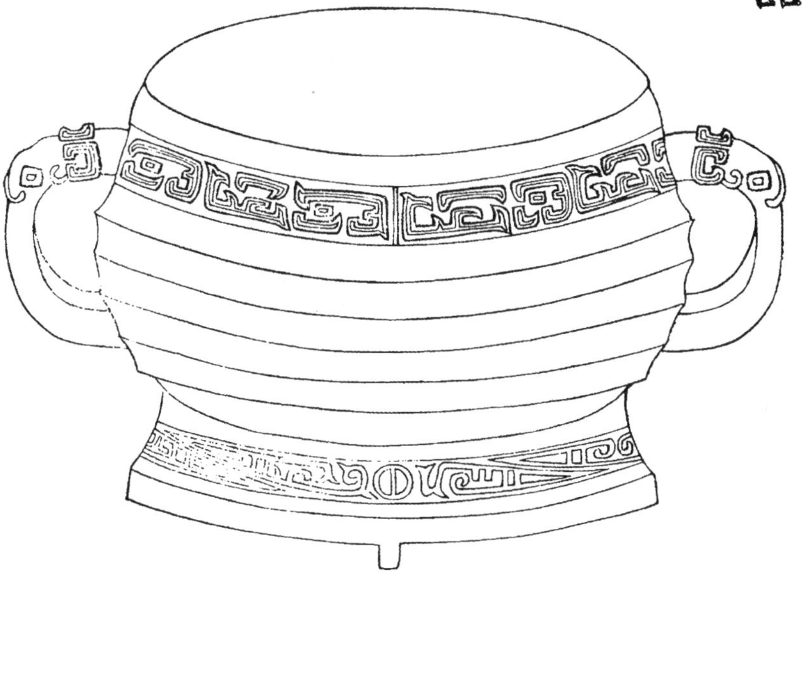

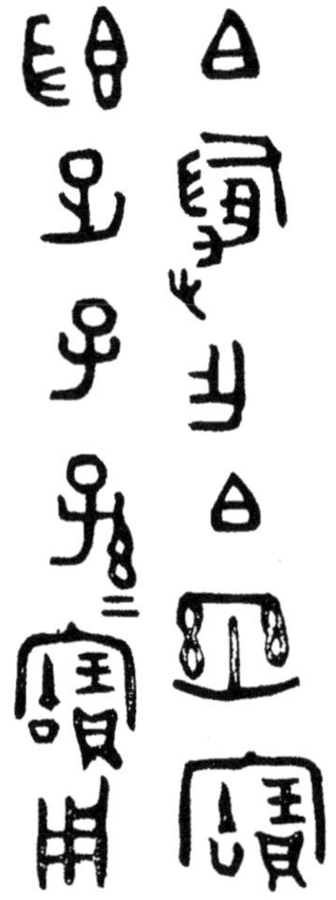

季飲敲

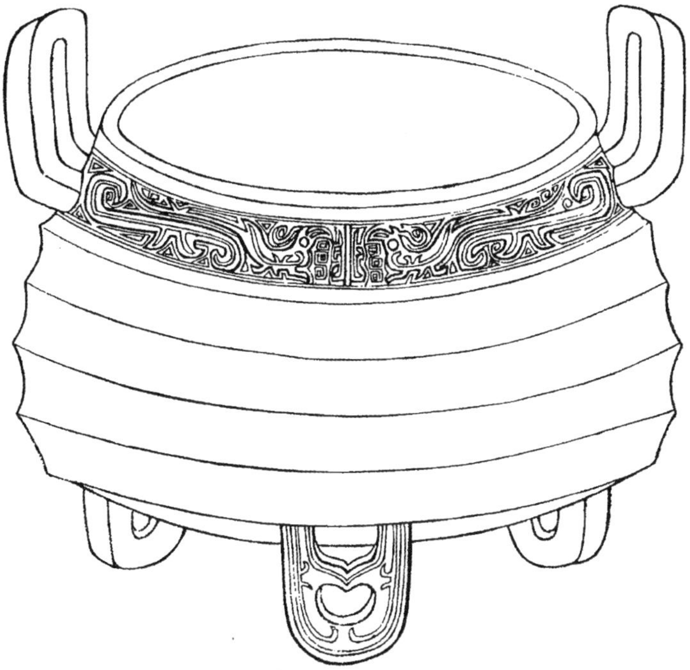

雙鶴之榭詩

年子桑之寶

穗敦

休敢

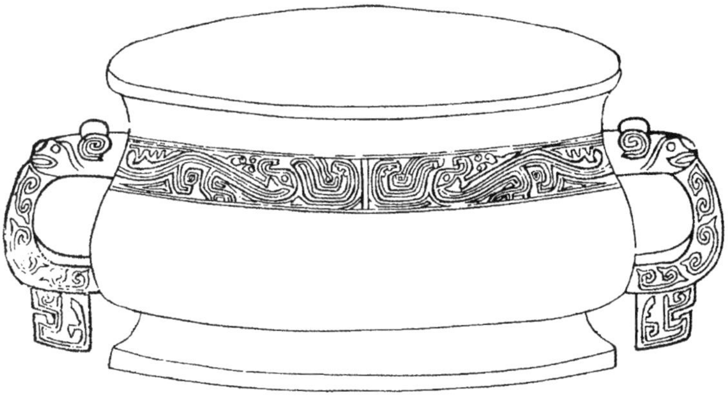

林氏
一家略

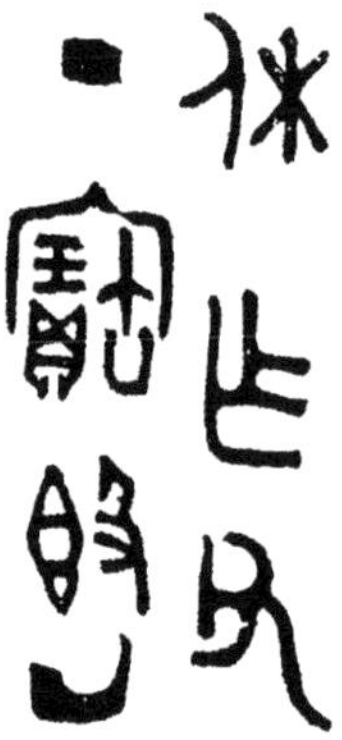

虢仲敦

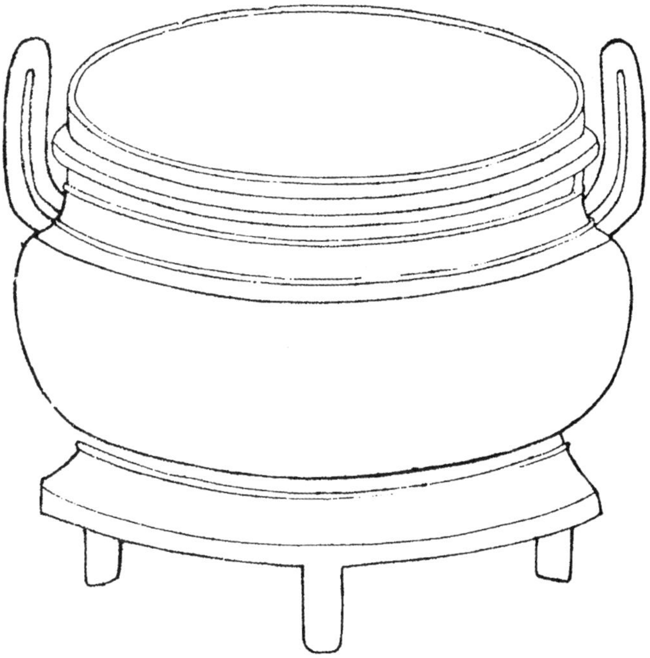

觀妙中
止闌眼

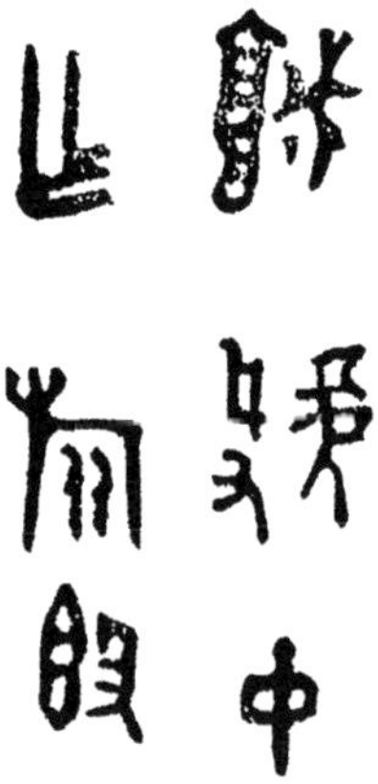

中𠂤父敔

中白民
止寂
胘

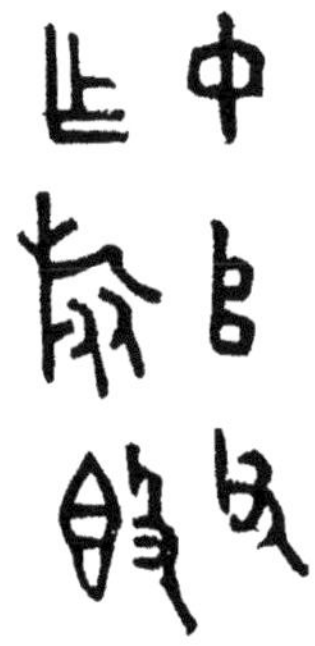

师遽𣪕盖

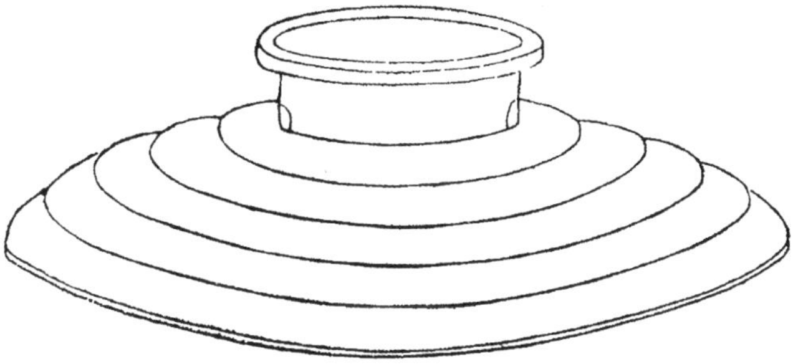

唯王三祀⋯⋯

霸乎酉王十周⋯新宮⋯⋯

⋯⋯

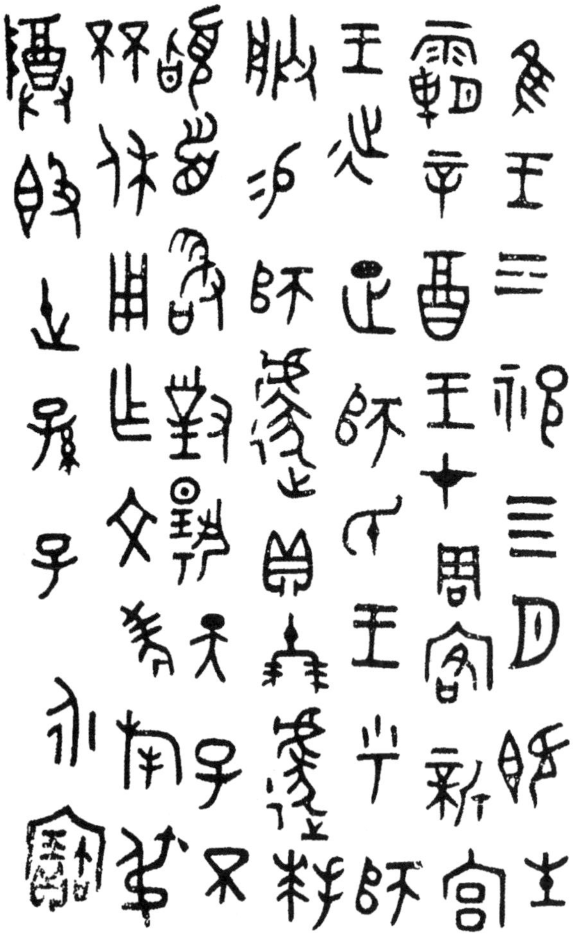

子孫父丁彝

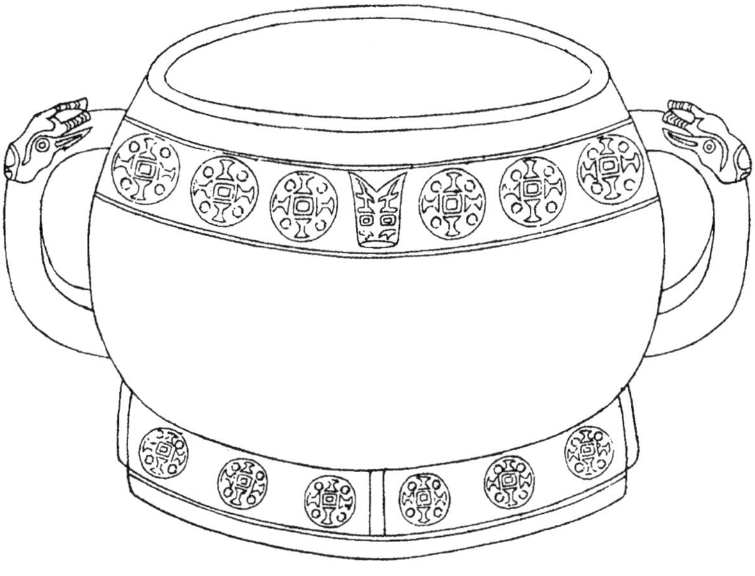

子犧形妣辛彝

王蓮生農部藏器

旻彝

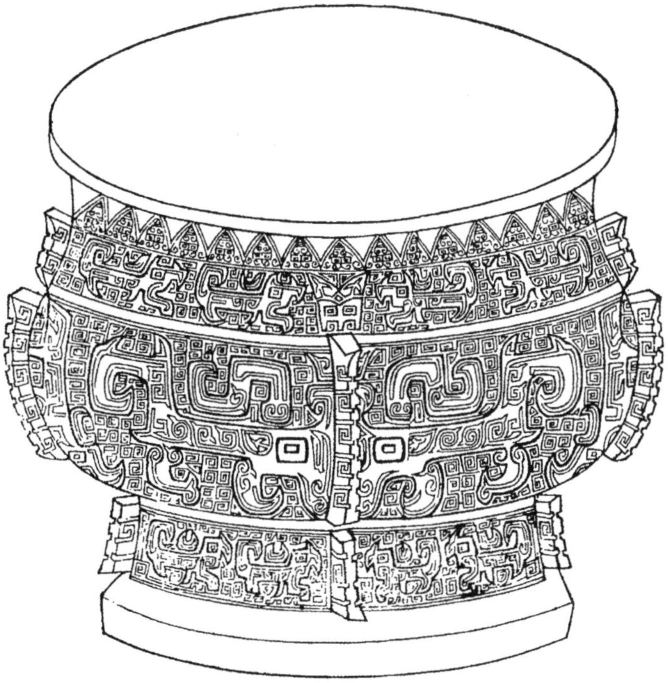

析子孫父丁彝 蒲城楊氏藏器

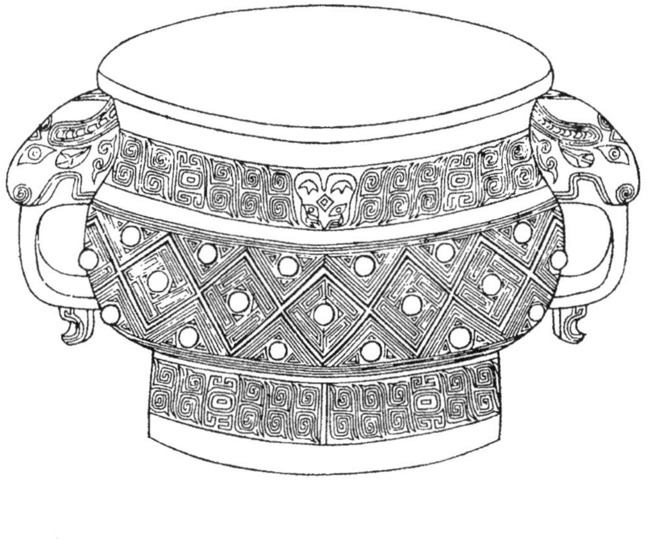

文父乙彝 李勤伯太守藏器

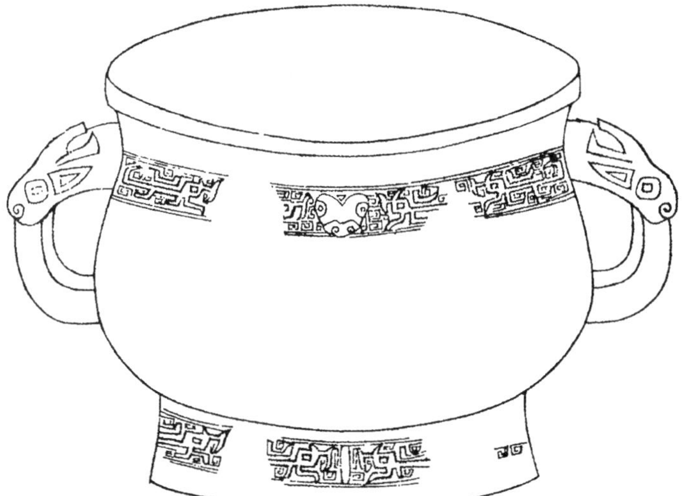

百乳彝

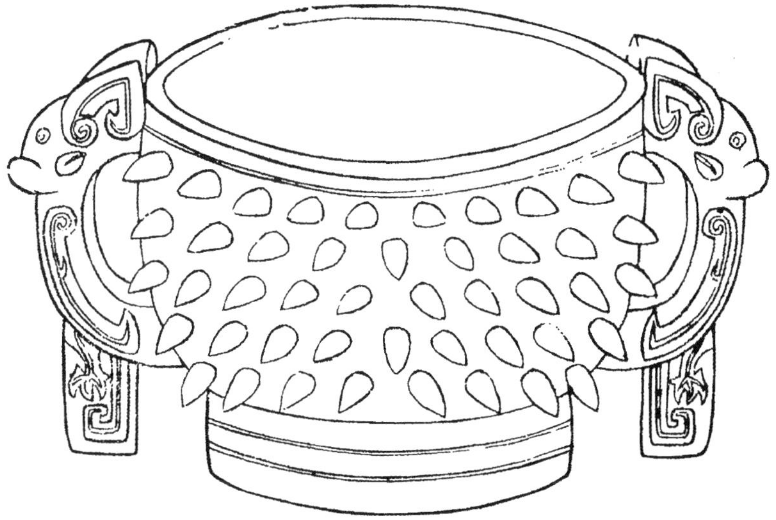

季保彝

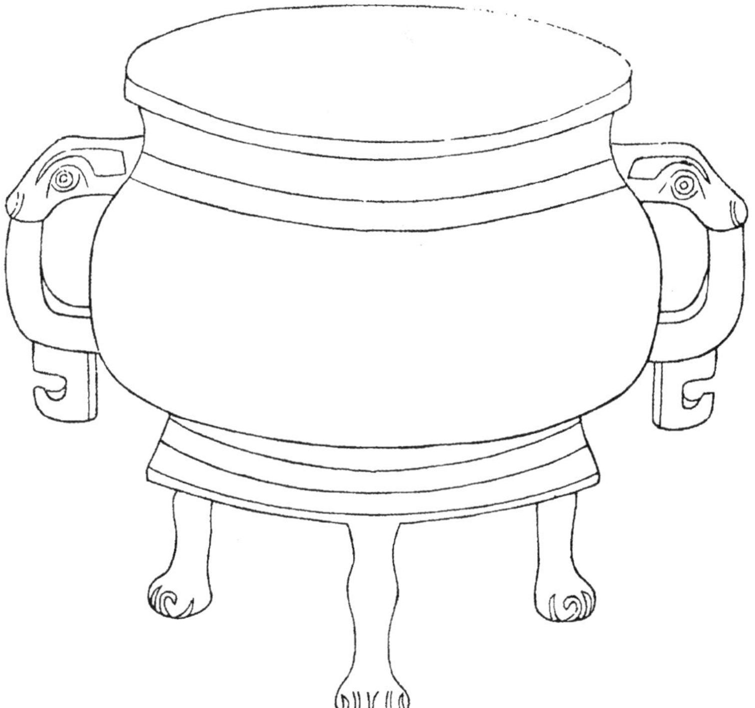

本书伪刊
書齋派

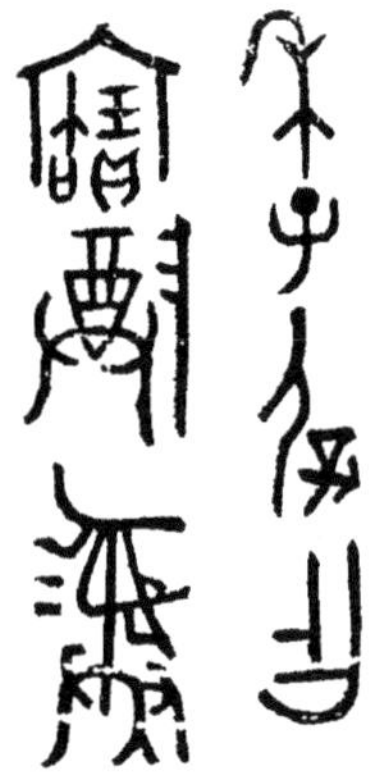

犧形尊

福山王廉生農部藏器

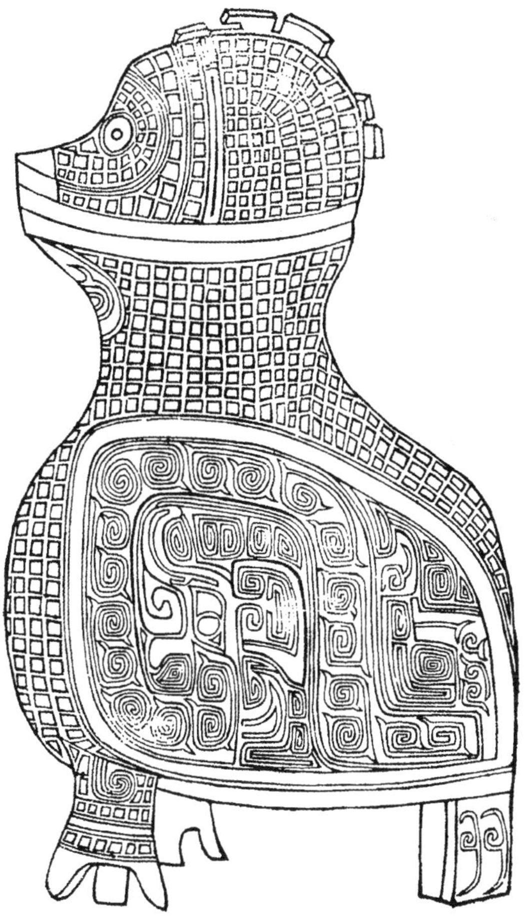

器

蓋

䱷作父辛尊

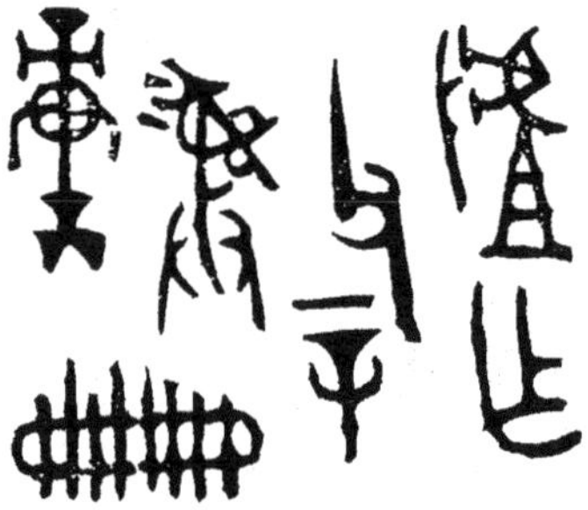

父乙尊

方元仲觀察藏器

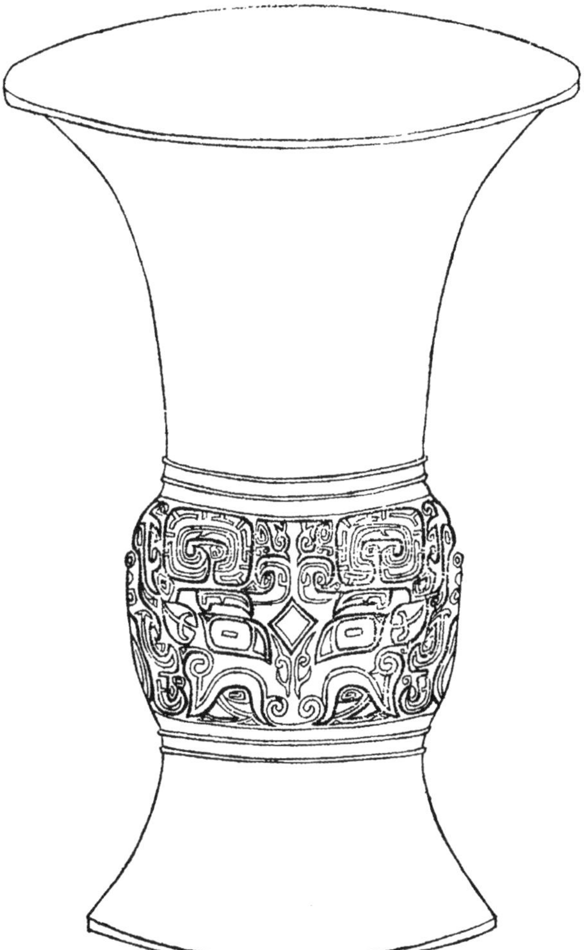

趩尊

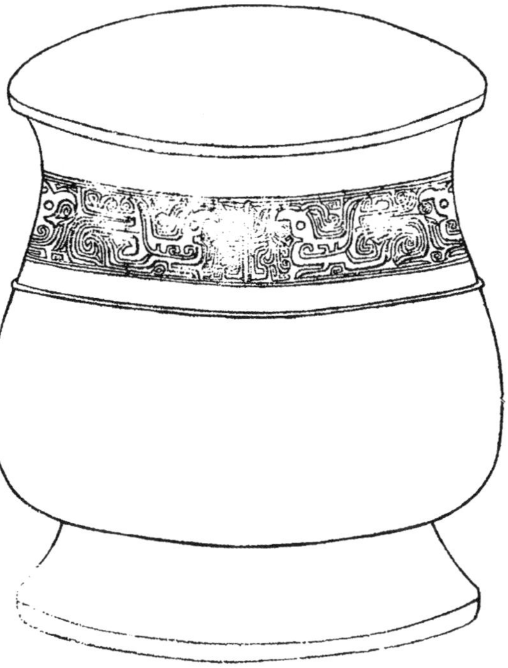

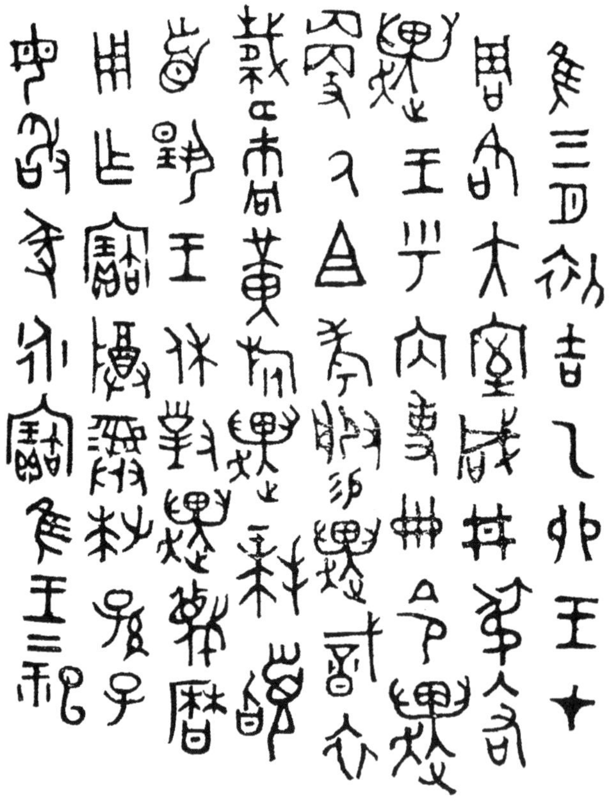

穗尊 陽識

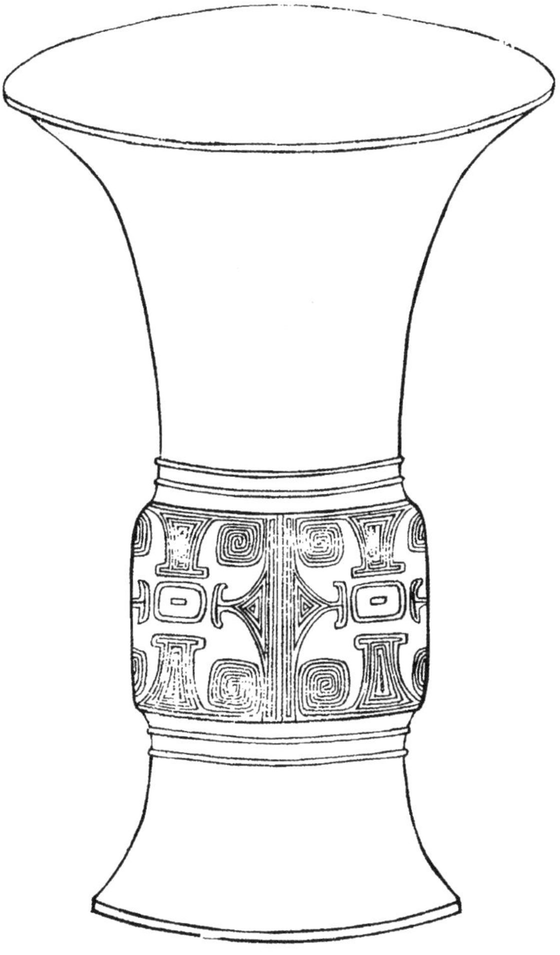

南

魚父癸壺

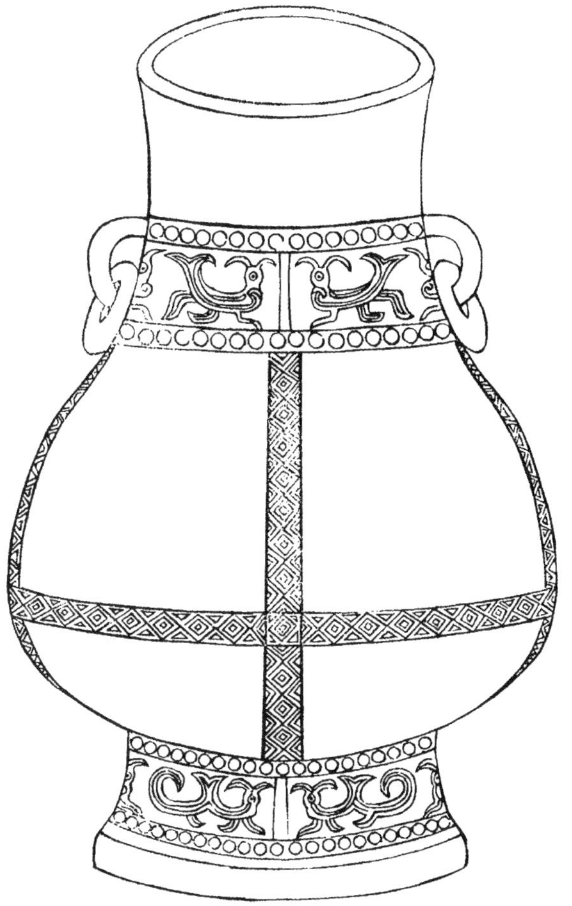

太姬壶

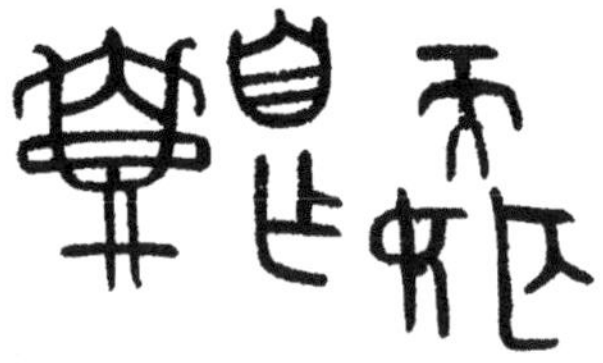

韓中多壺

說文角部⿱爵昜籀文觴或从爵此器第一字正是籀文觴字吳釋爲觶未當也

鄭楙叔賓父壺

奠林我寶
延磬壹是
子孫永寶用

乜[illegible]父癸卣

三原劉氏藏器

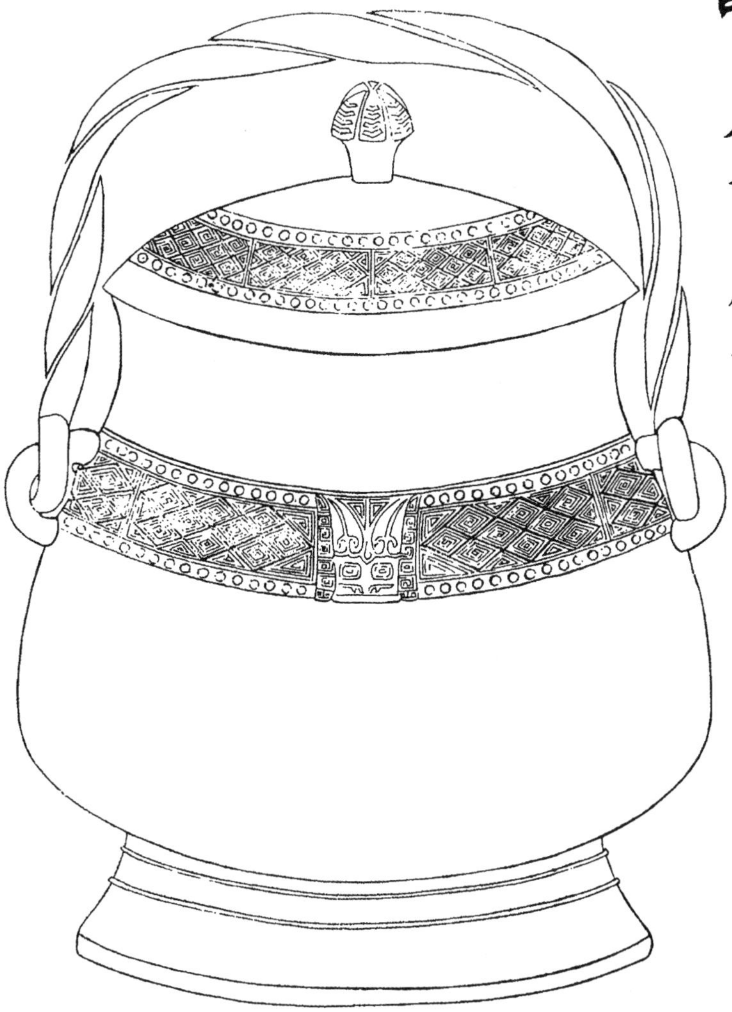

蓋

器

此象刀俎之形非匕鬯二字也

子立旂且乙卣

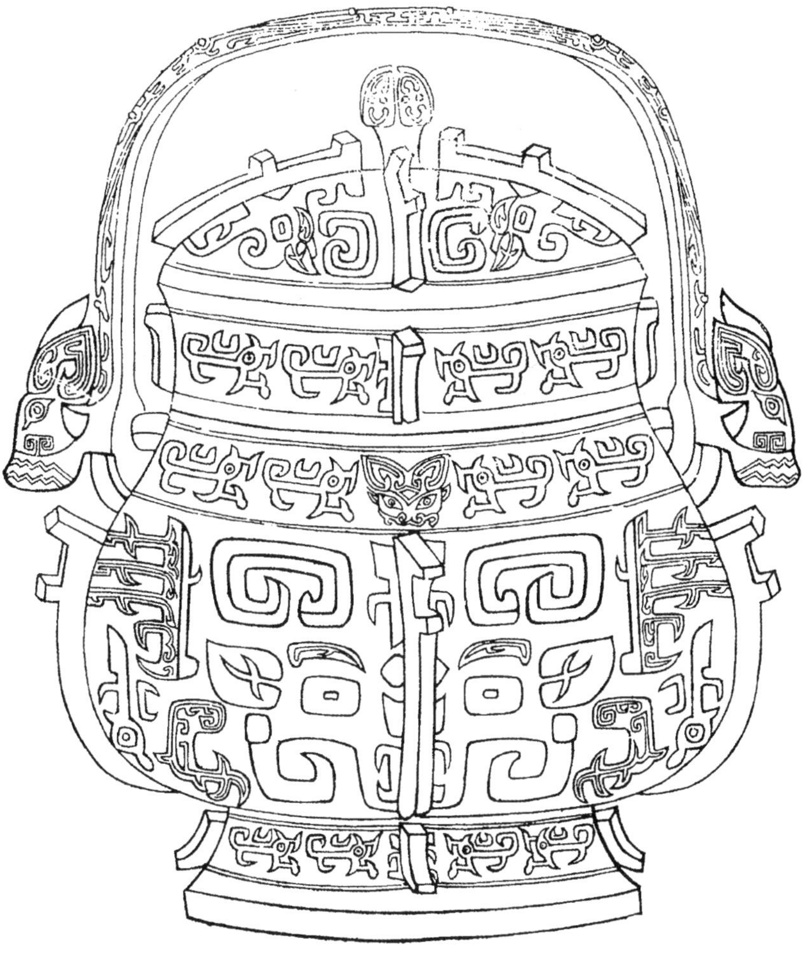

舉象形卣

蓋

器

父辛卣

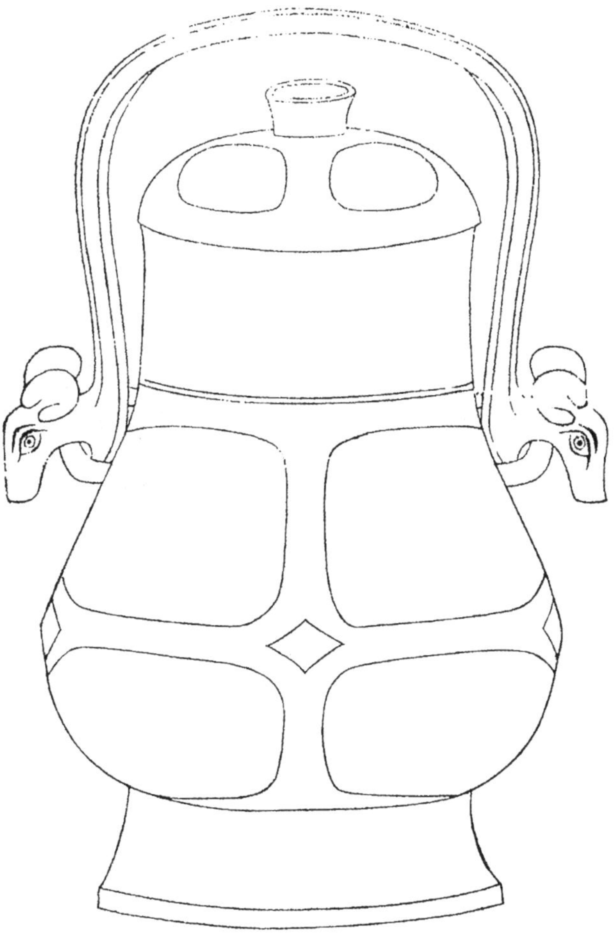

蓋

器

婦庚卣

蓋

器

㳄木象形卣

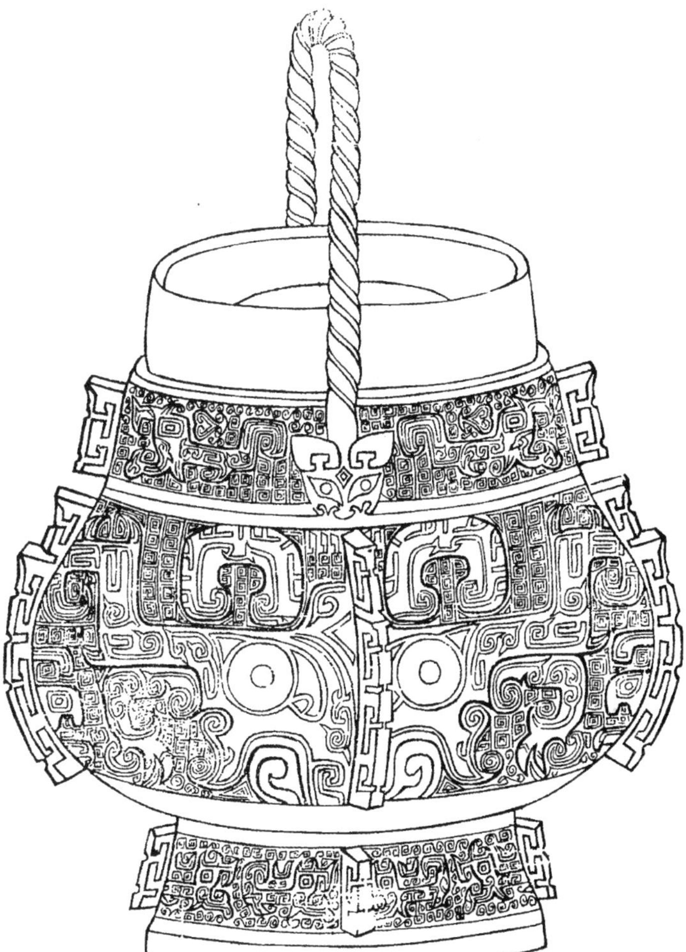

申卣

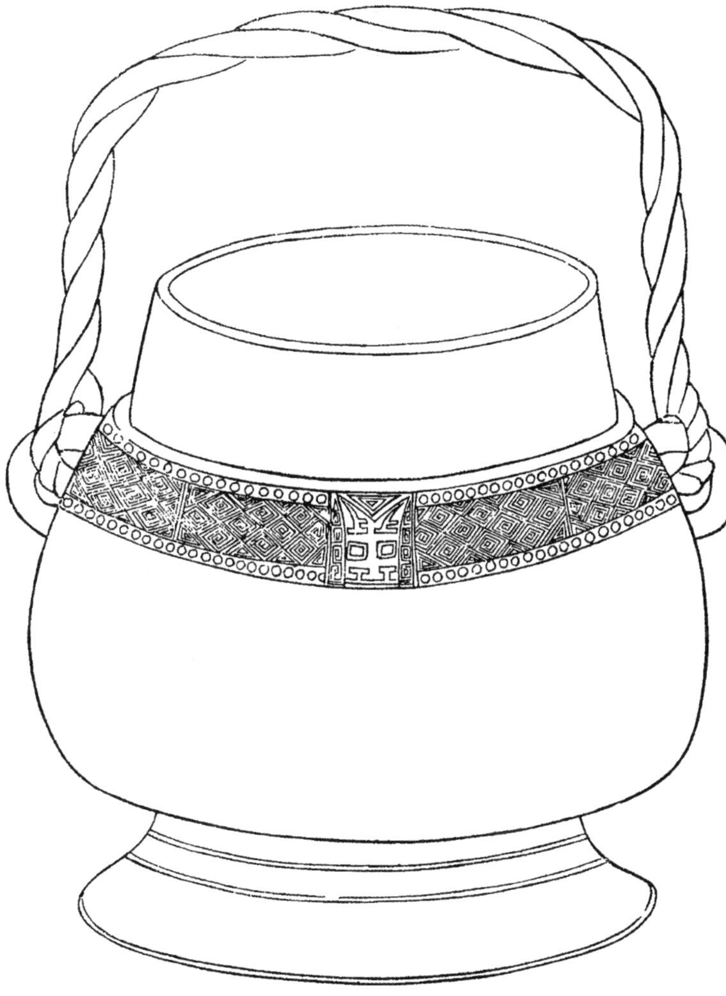

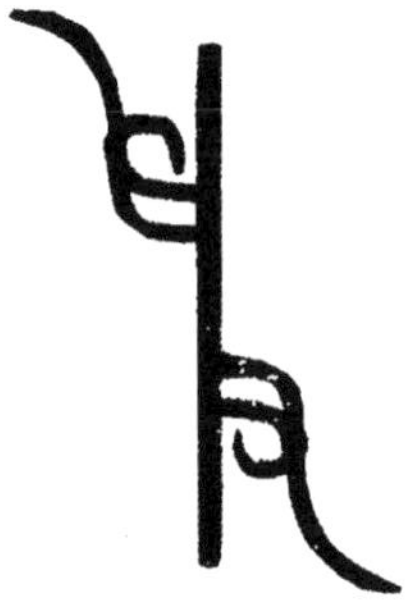

父辛象形卣

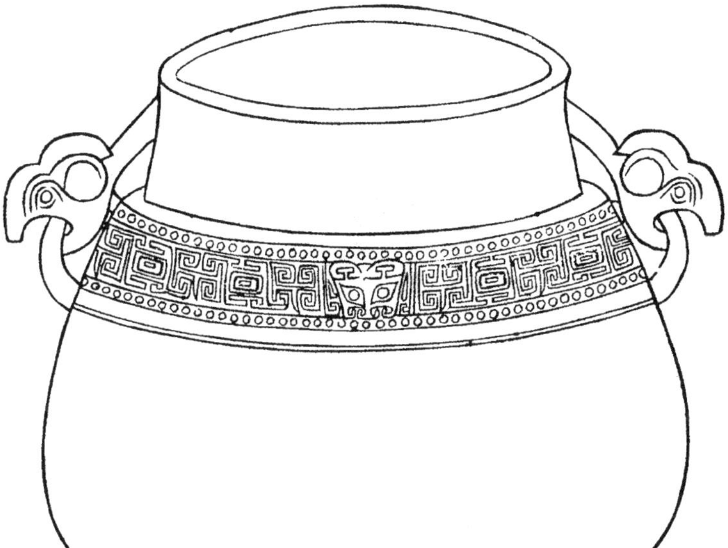

父辛卣

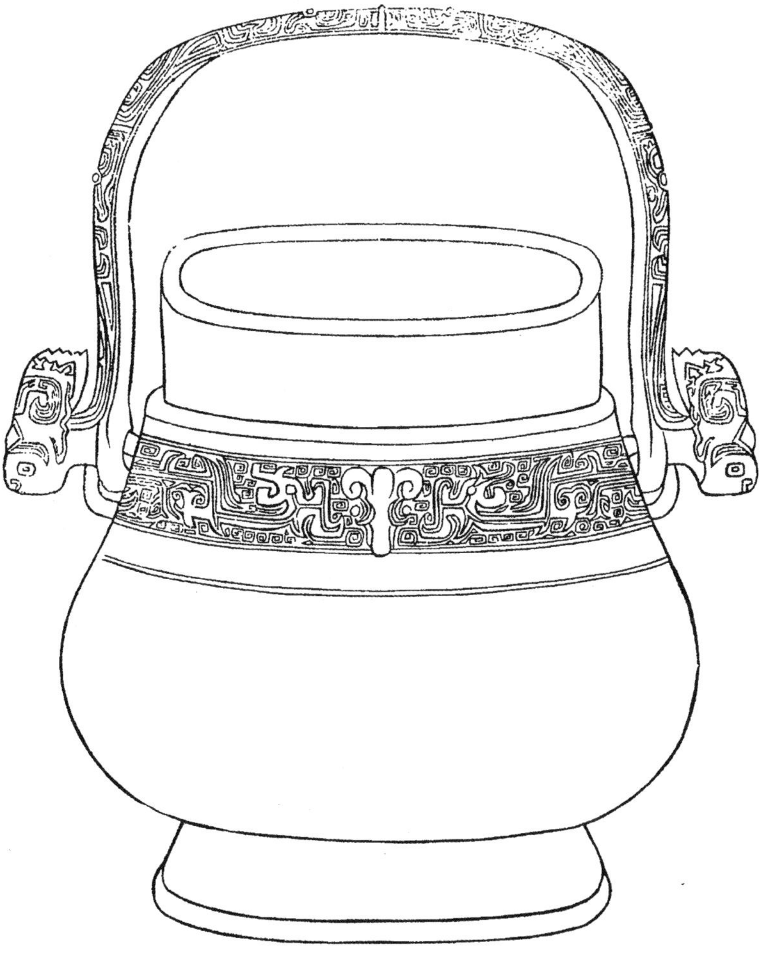

白睘卣

盖　器

衞父卣

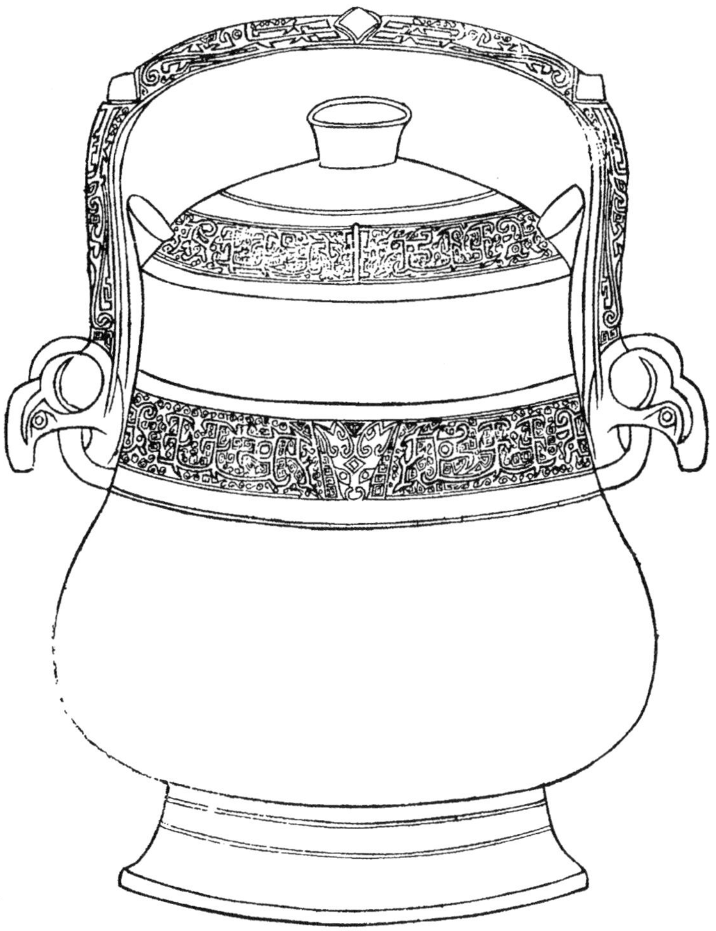

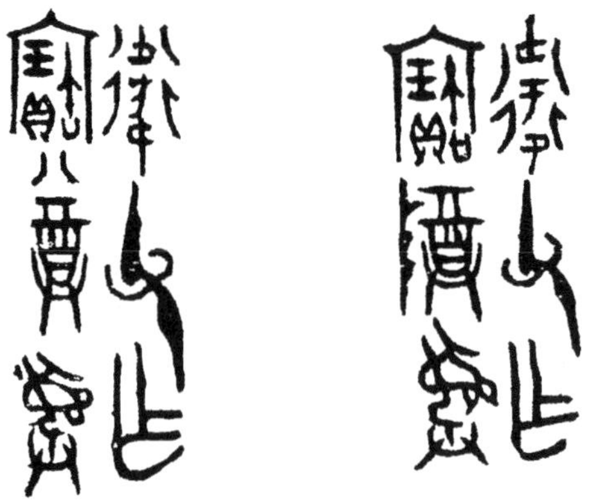

寶卣

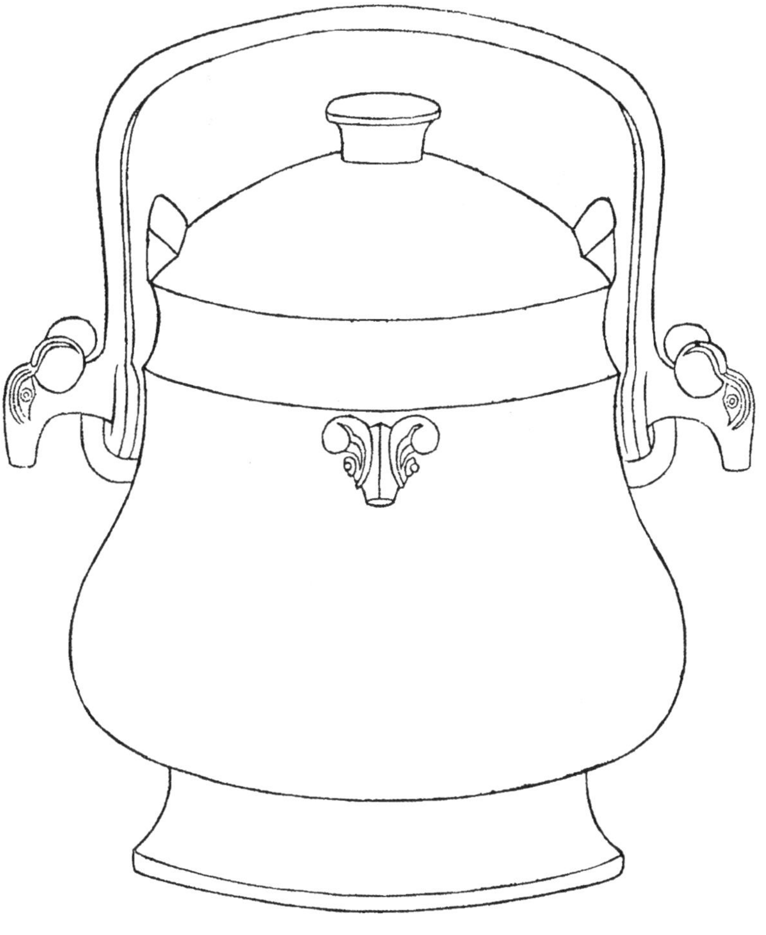

盖

器

寡子卣盖

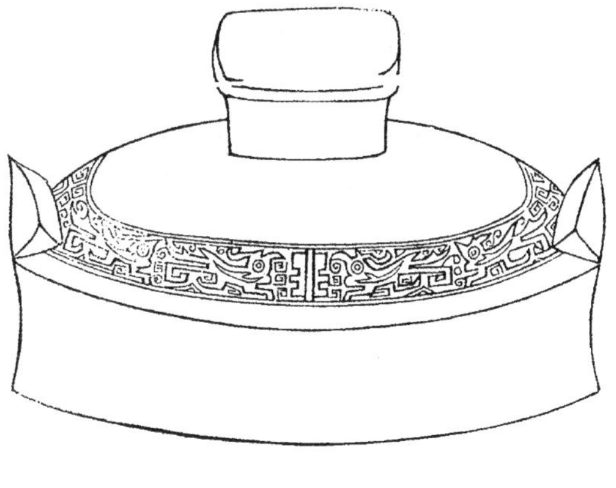

䧘卣盖

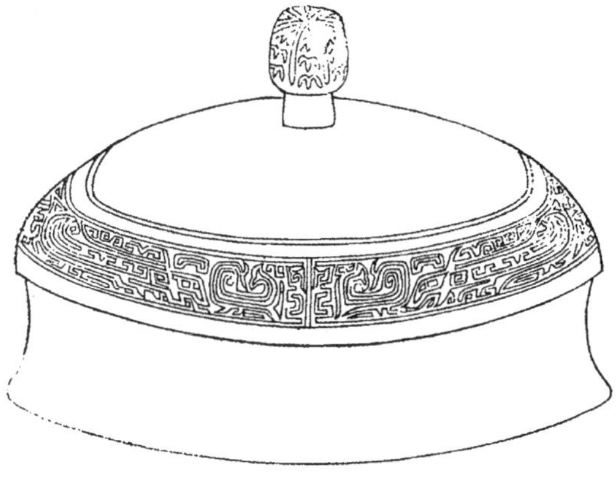

舉咤父乙爵

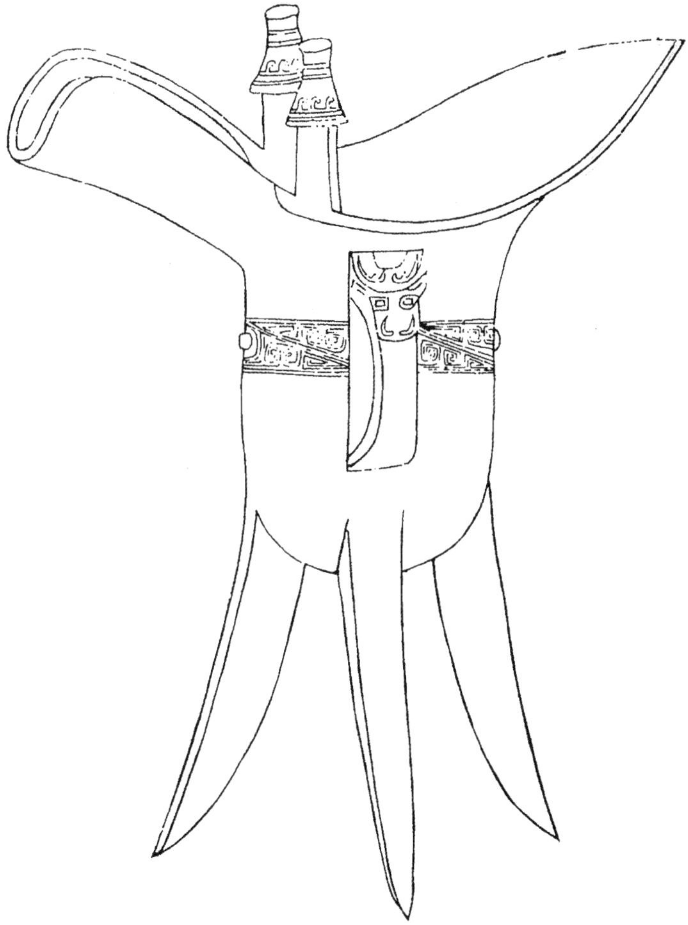

负作父乙爵

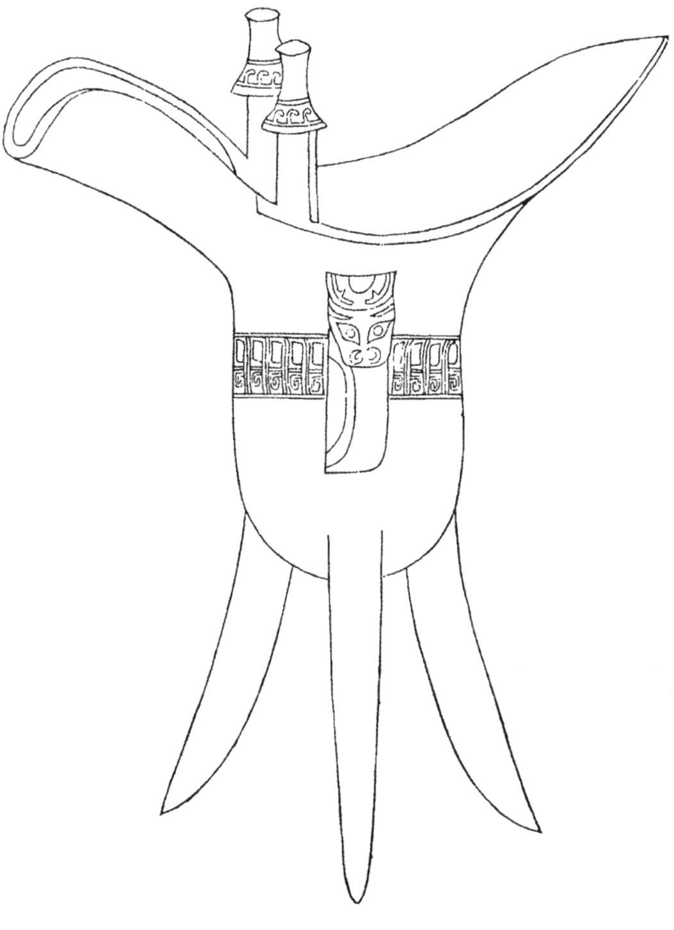

木父丁爵

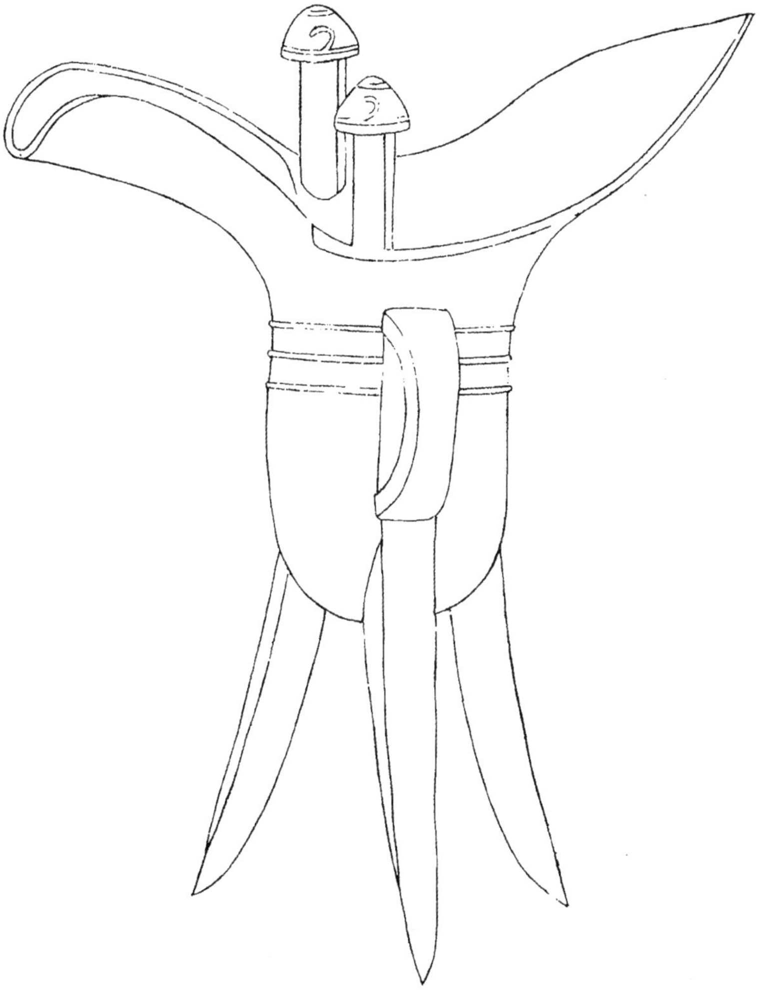

龍作父丁爵

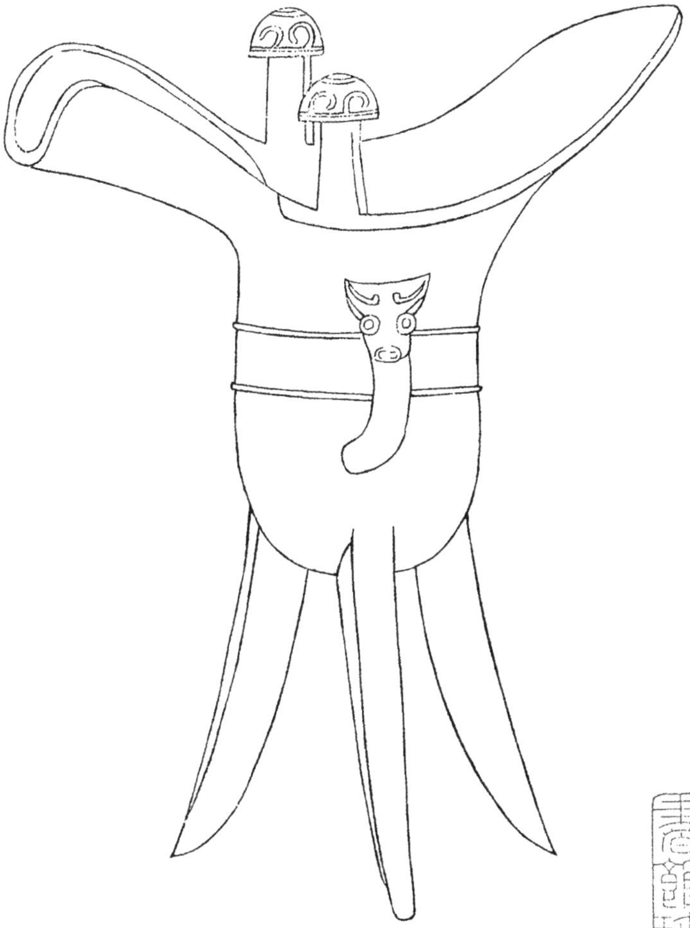

舉戊父爵

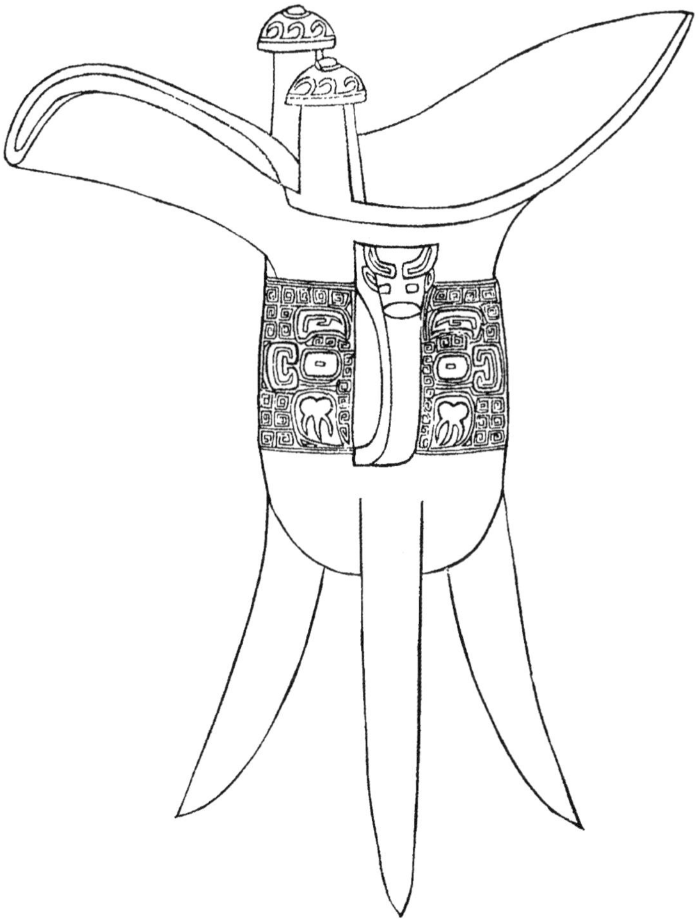

囝父辛爵

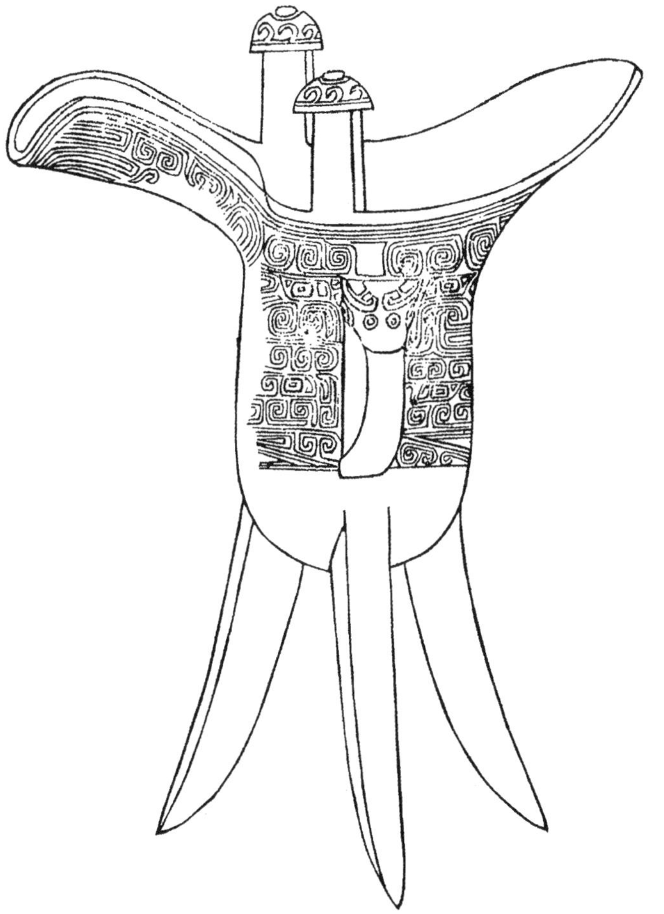

父壬祭爵

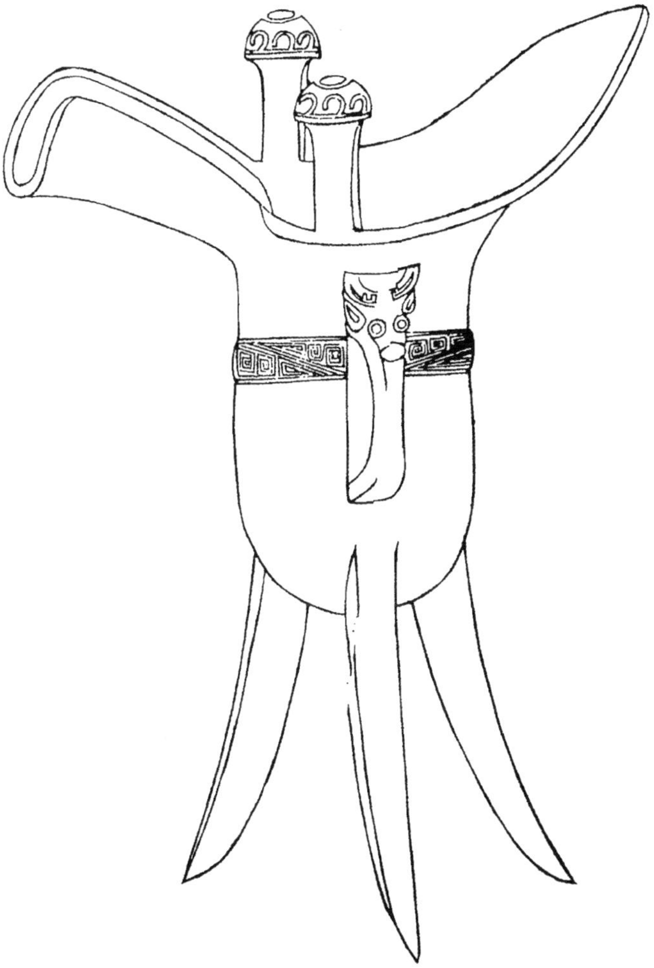

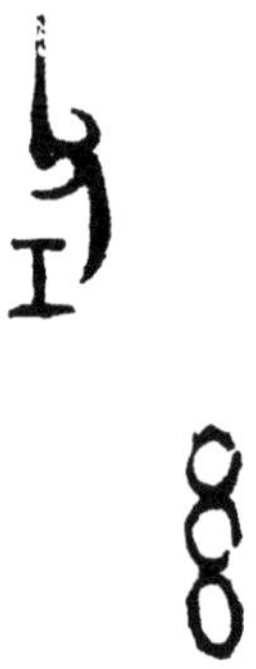

父癸爵 陽識

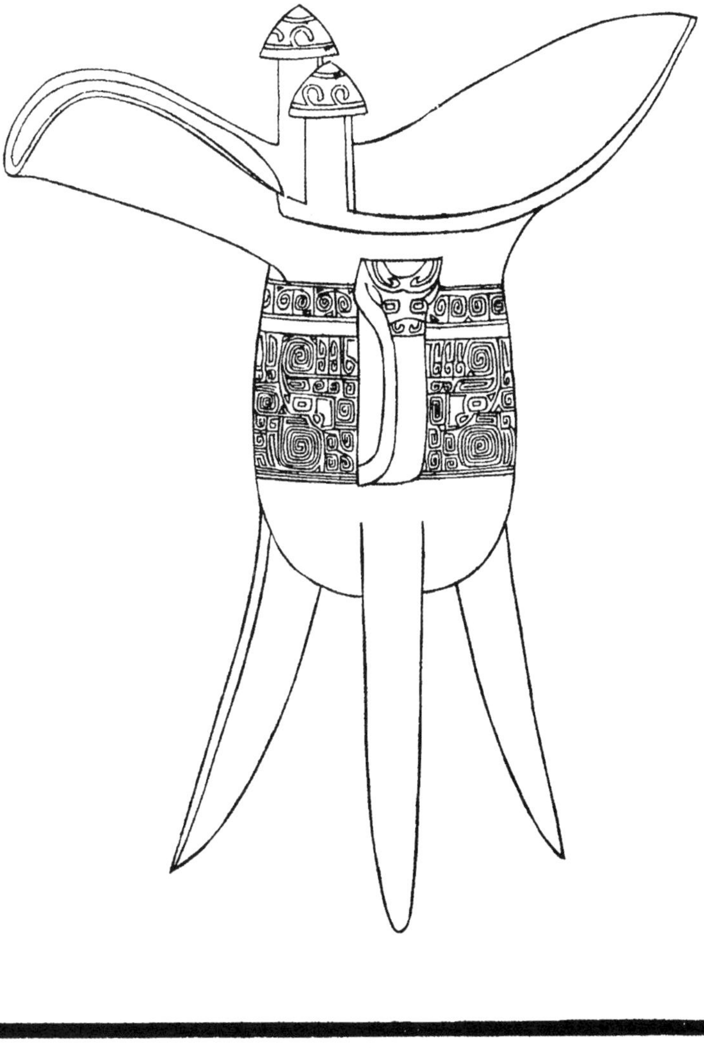

析子孫父癸爵

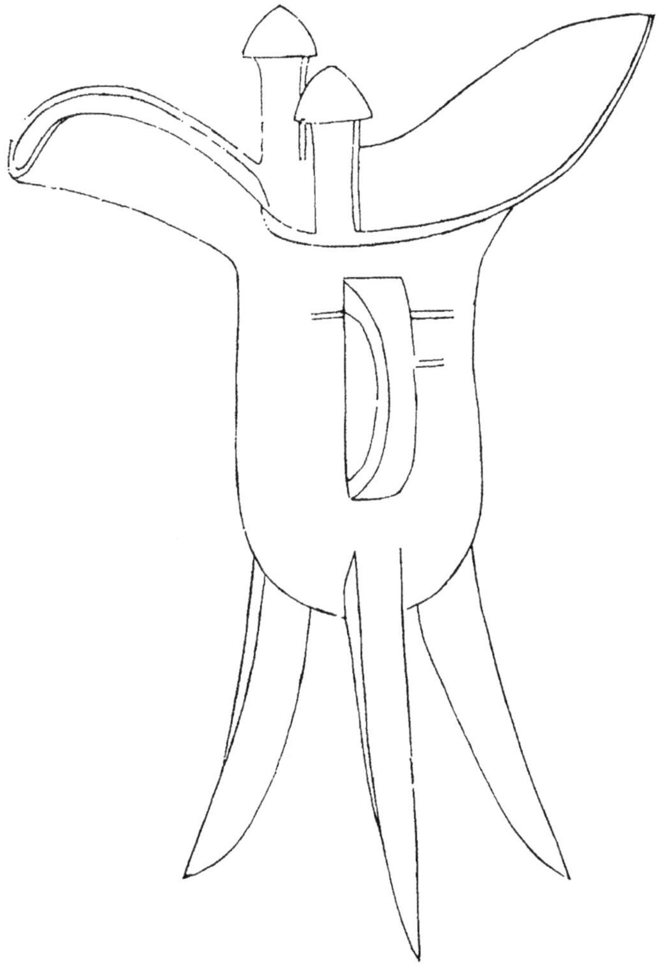

别爵 蒲城楊氏藏器

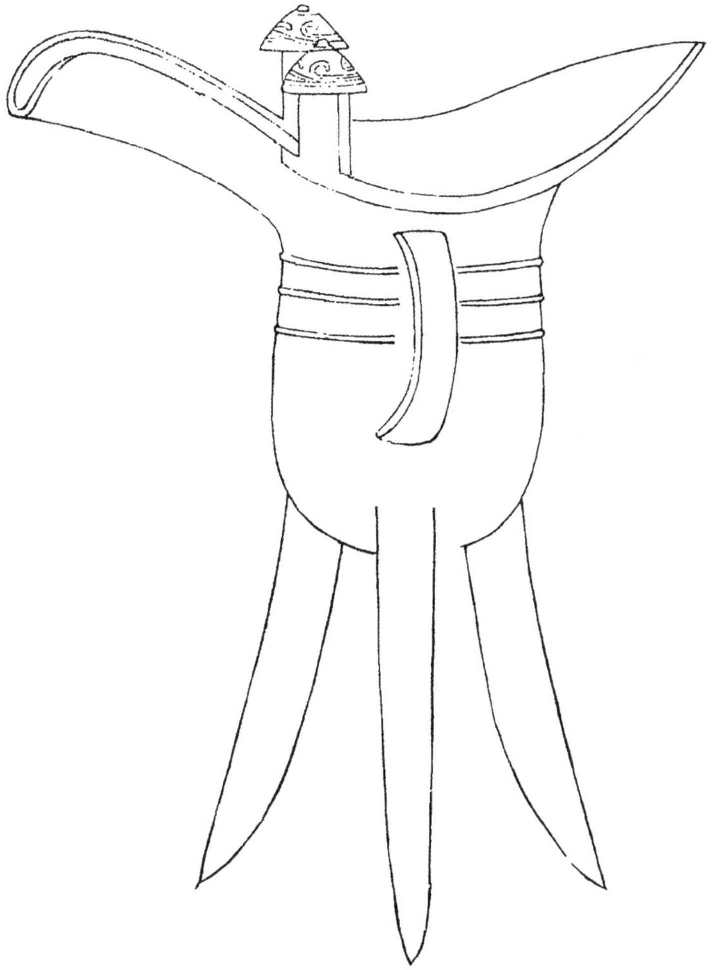

器作姚爵

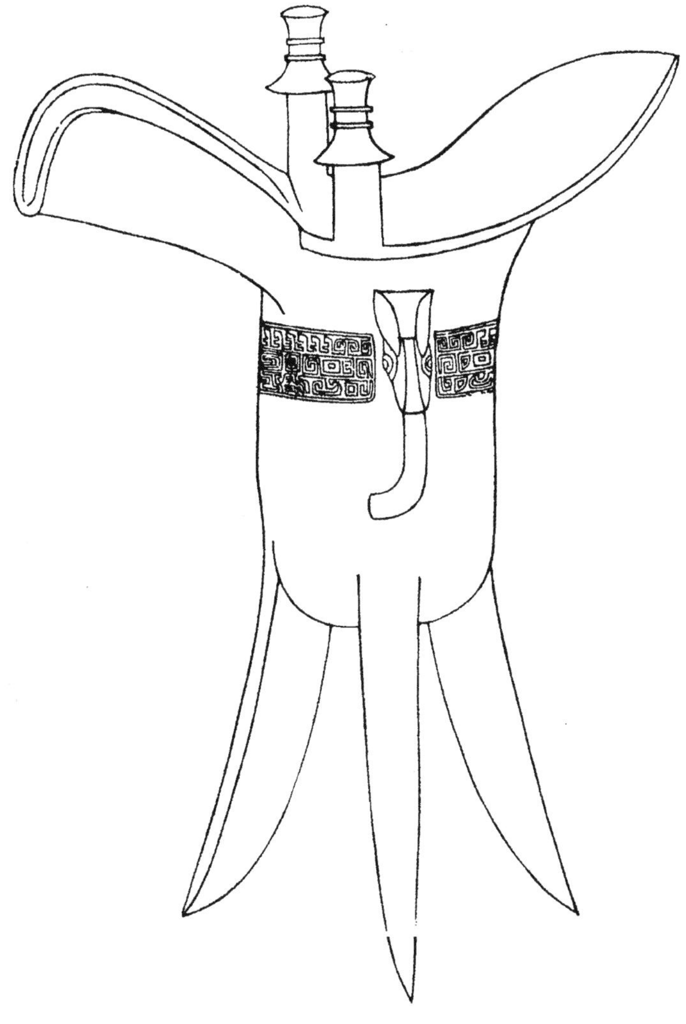

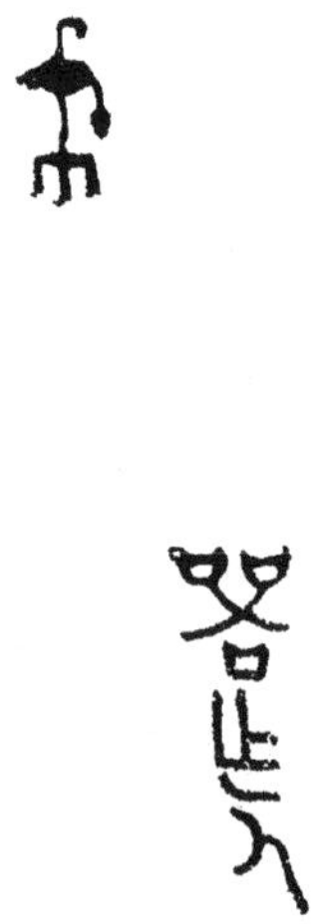

倒矢架形子爵

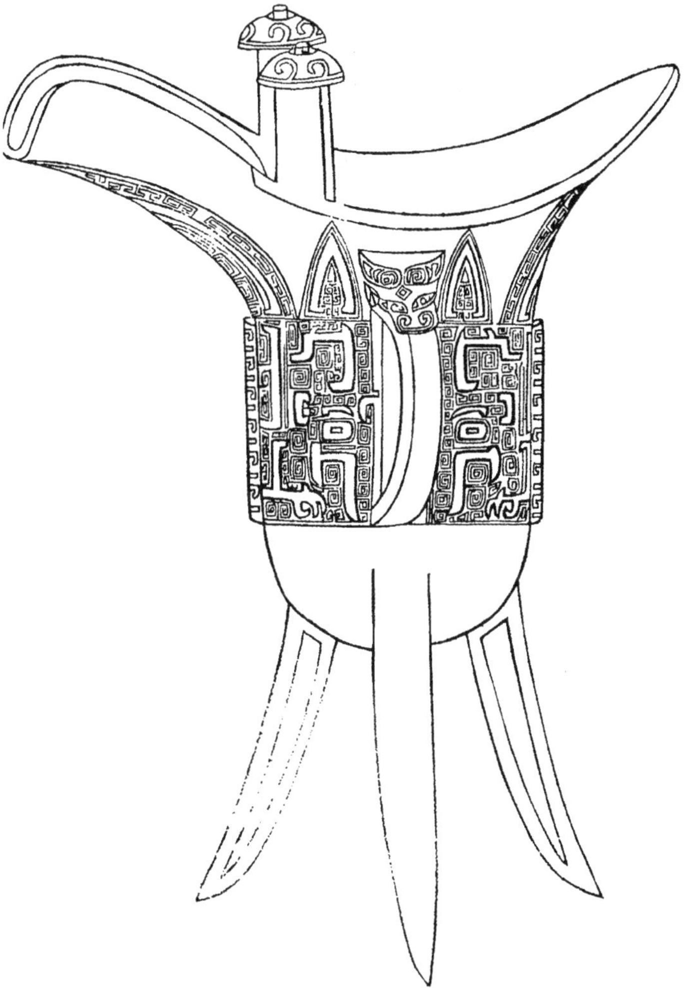

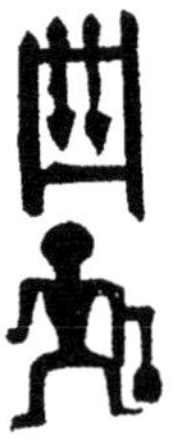

作乃父寶爵

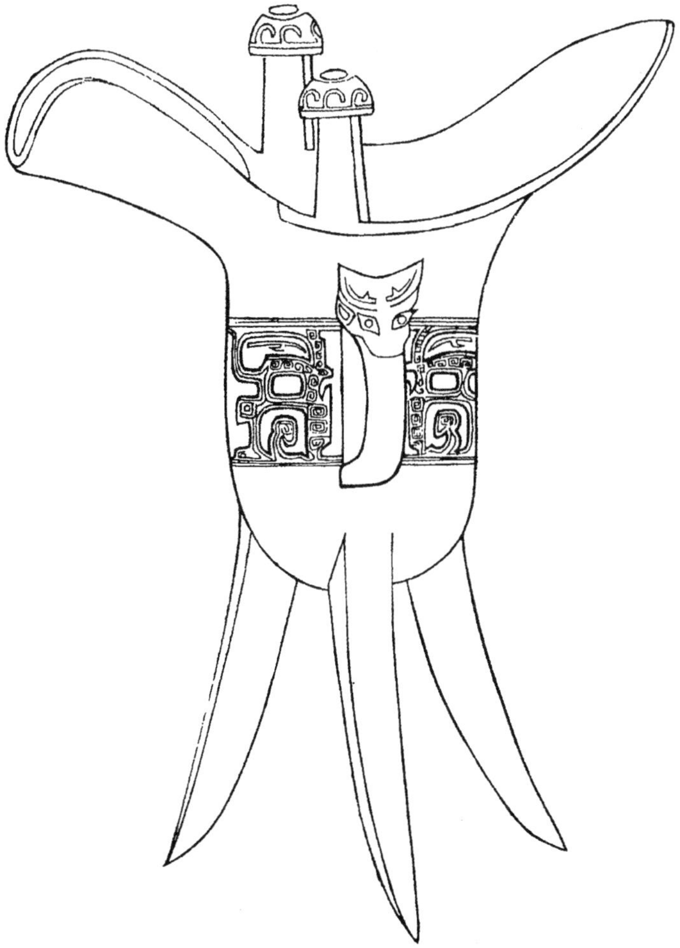

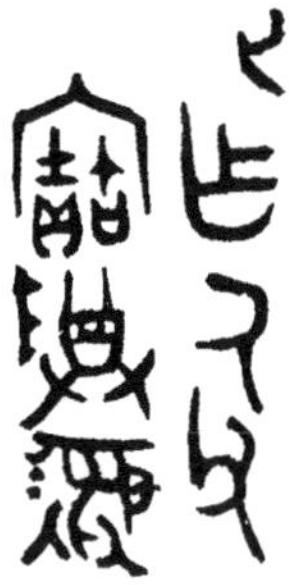

貝十朋子父乙觶

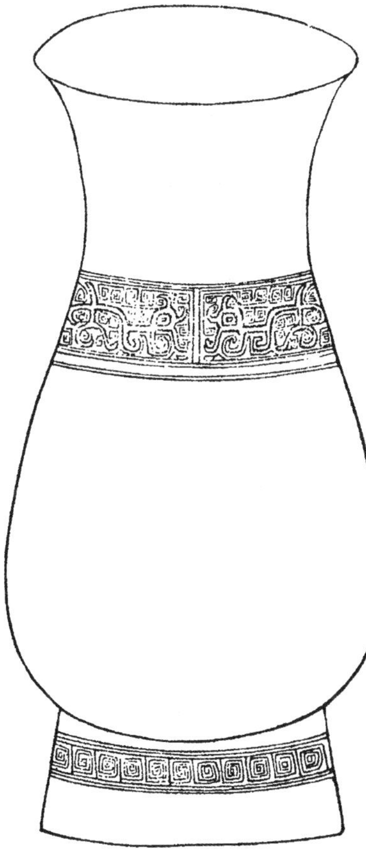

立戈父丙觶

父丁觶

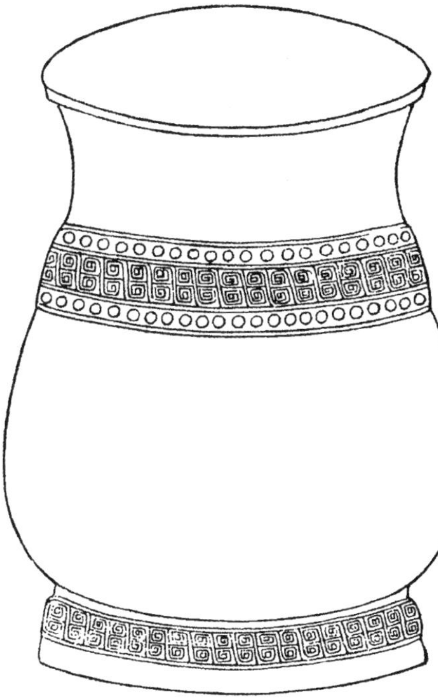

己父觚

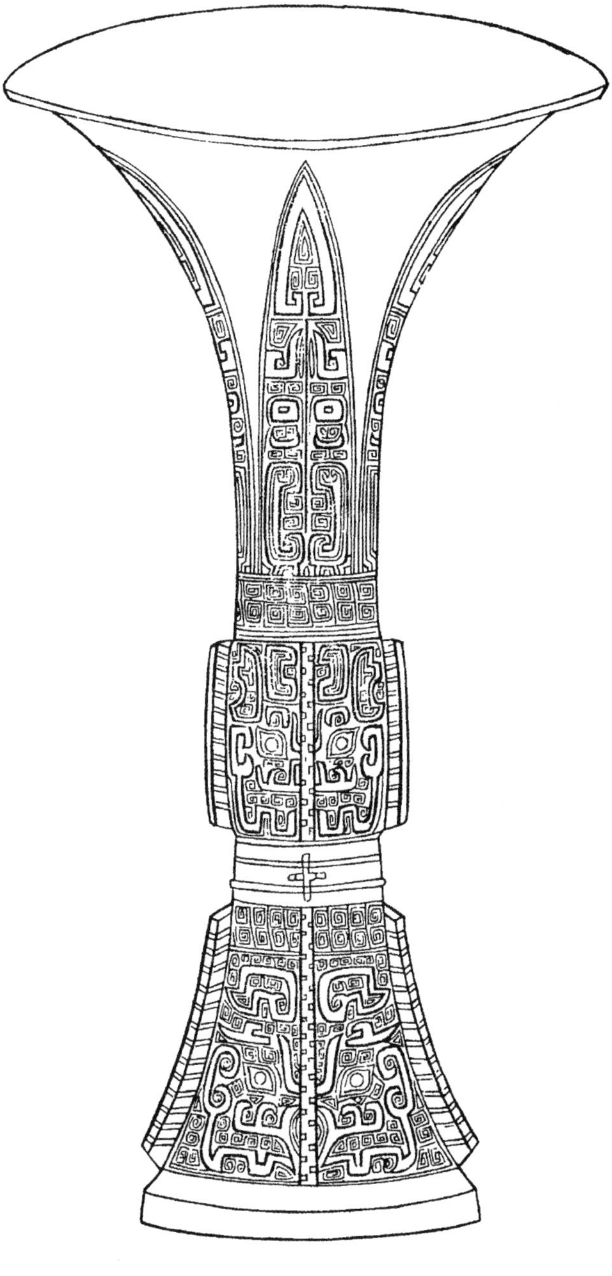

中皃良父盤

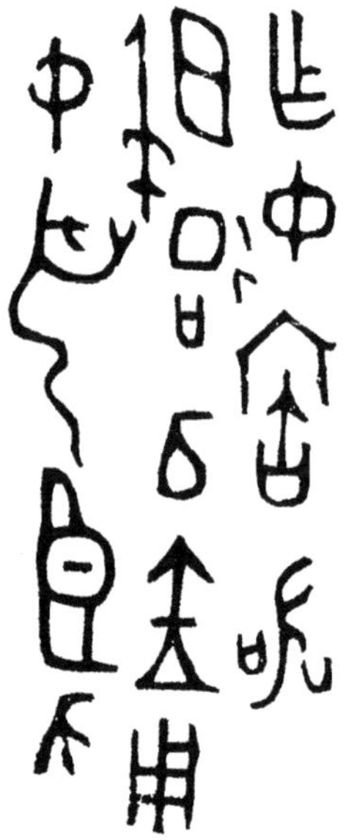

宗婦盤

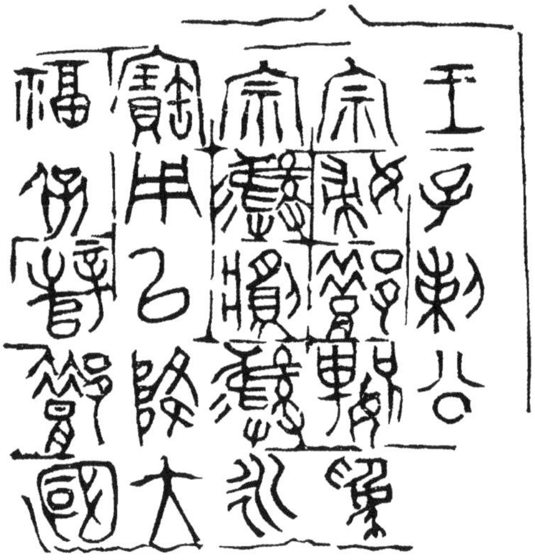

父辛殘盤

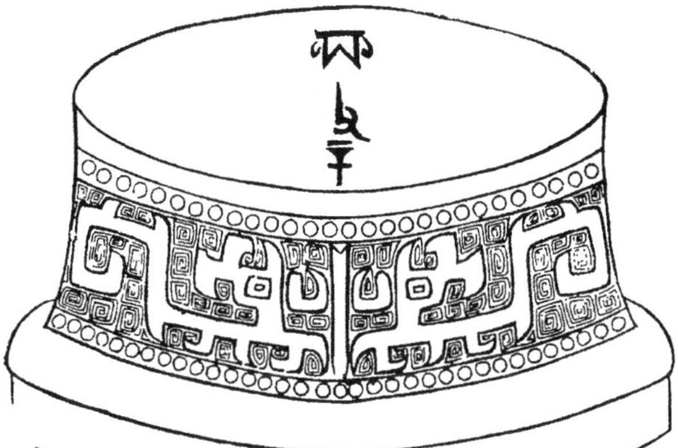

棥男父匜

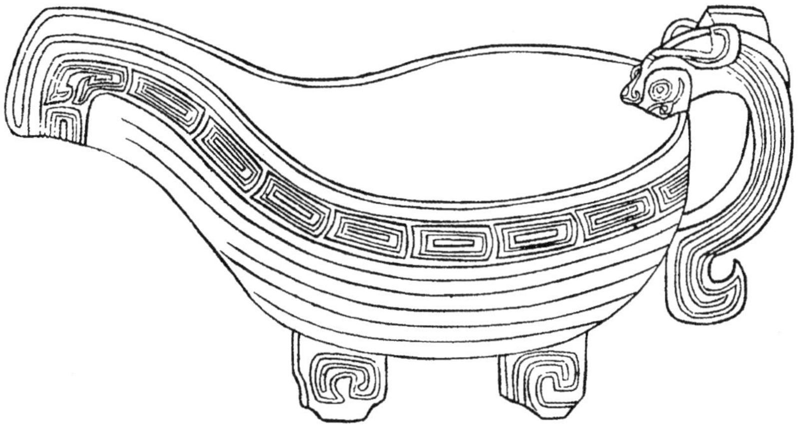

季良父簠

李亯之作
宗鼎中儹匜
其萬年子子
孫孫永寶用

䜌王盉

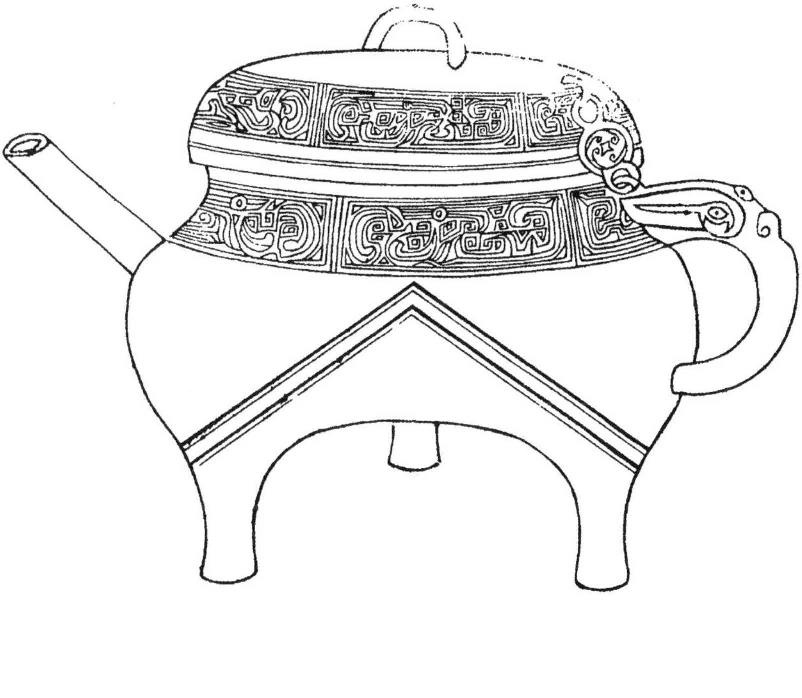

魯王世
聊攝圖

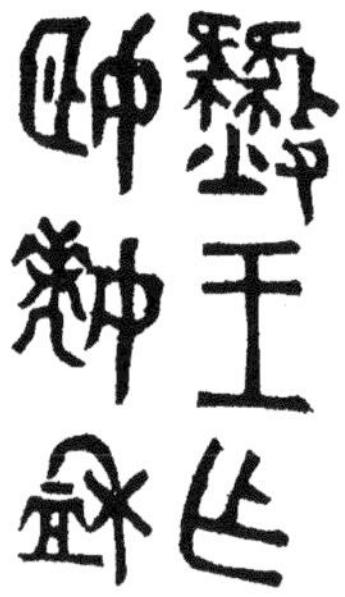

季良父盉

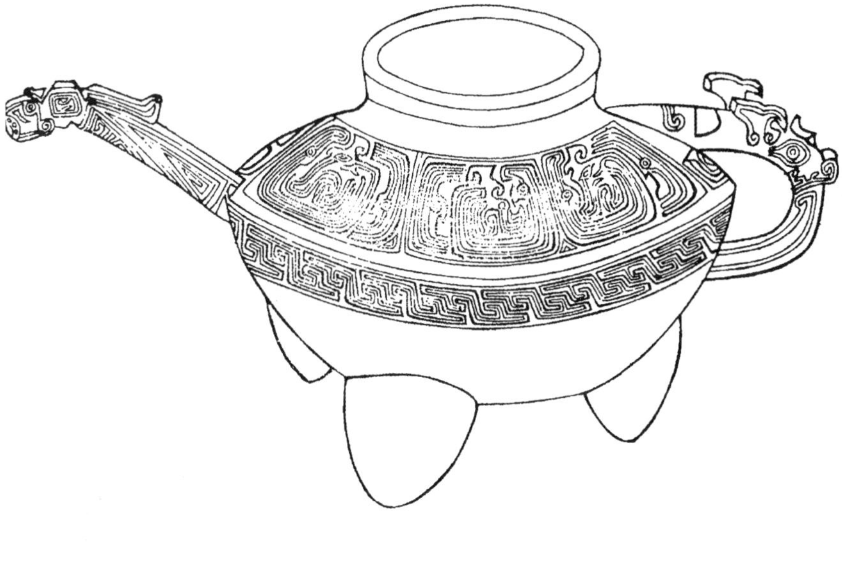

季良父作𡚬姒寶盉其萬年子孫永
寶用

名中鬲

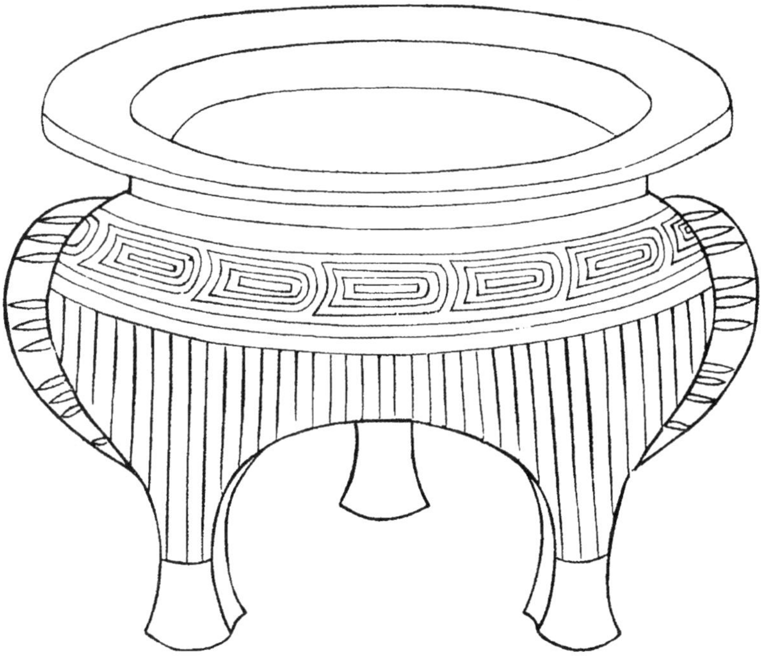

吉中[illegible]生作鼎[illegible]其子子孫孫永寶用

齊婦鬲

袁筱塢閣學藏器

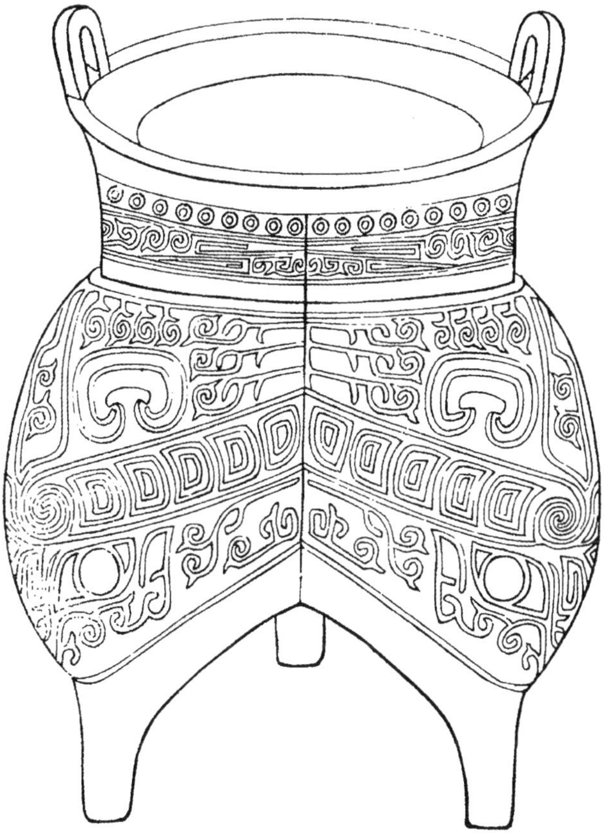

芮公鬲

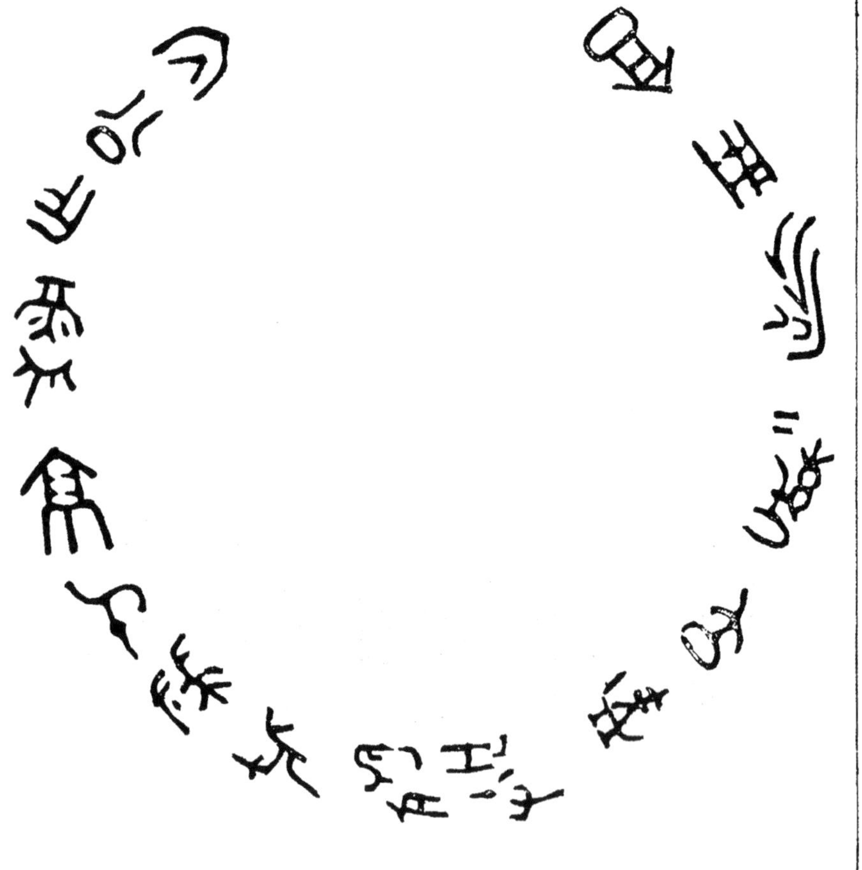

祭姬鬲

李勤伯太守藏器

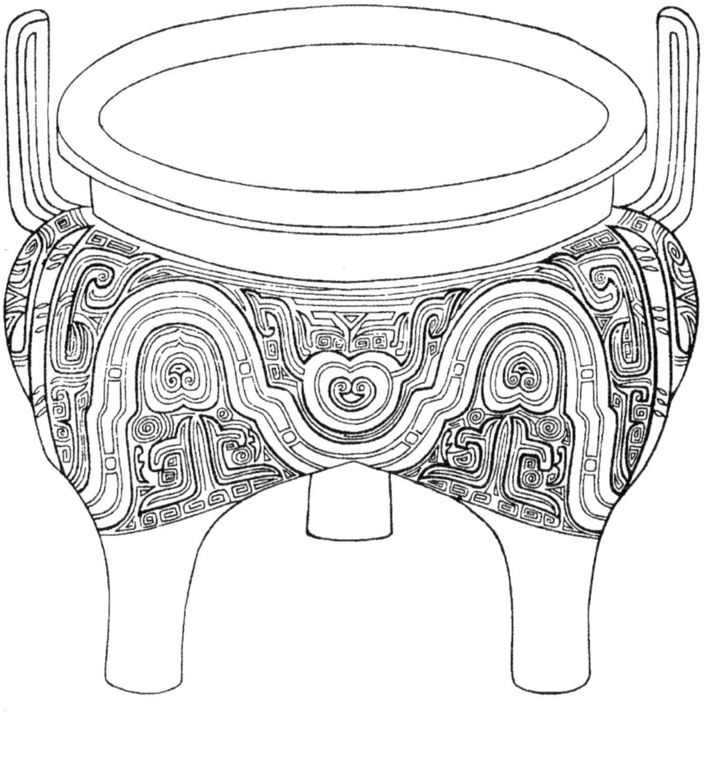

寧仲作尊壺其萬年永寶用

亞形父丁甗

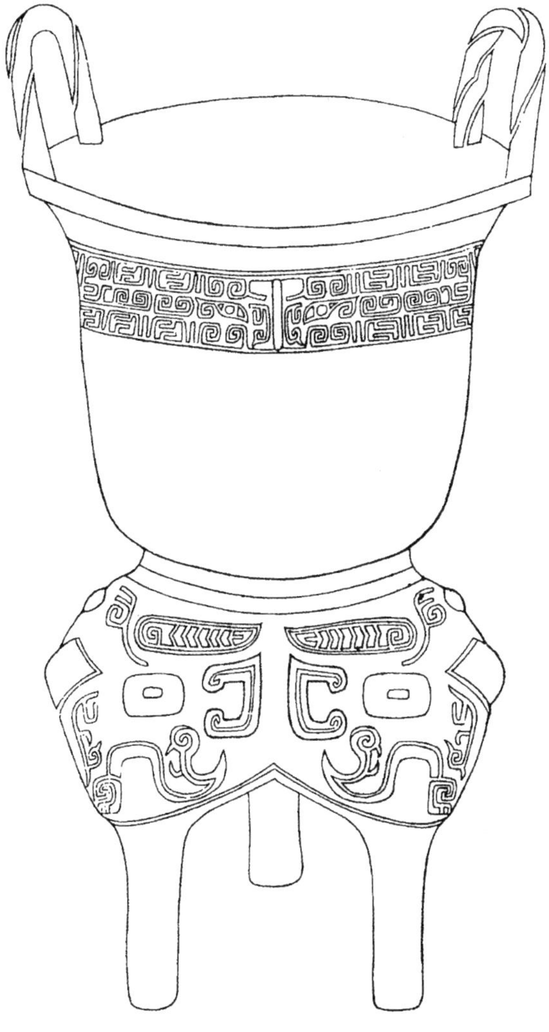

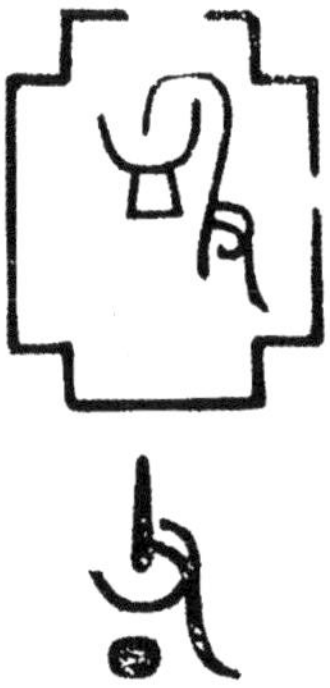

父癸甗

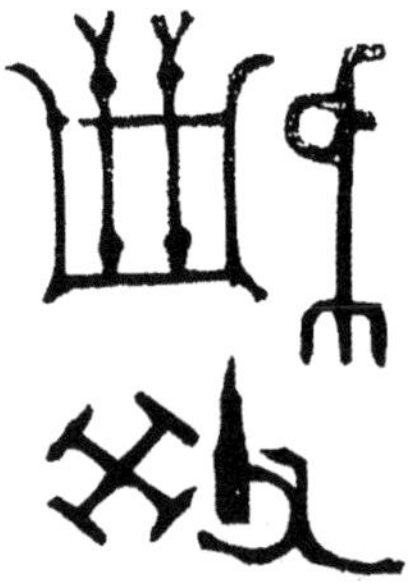

目形干形句兵

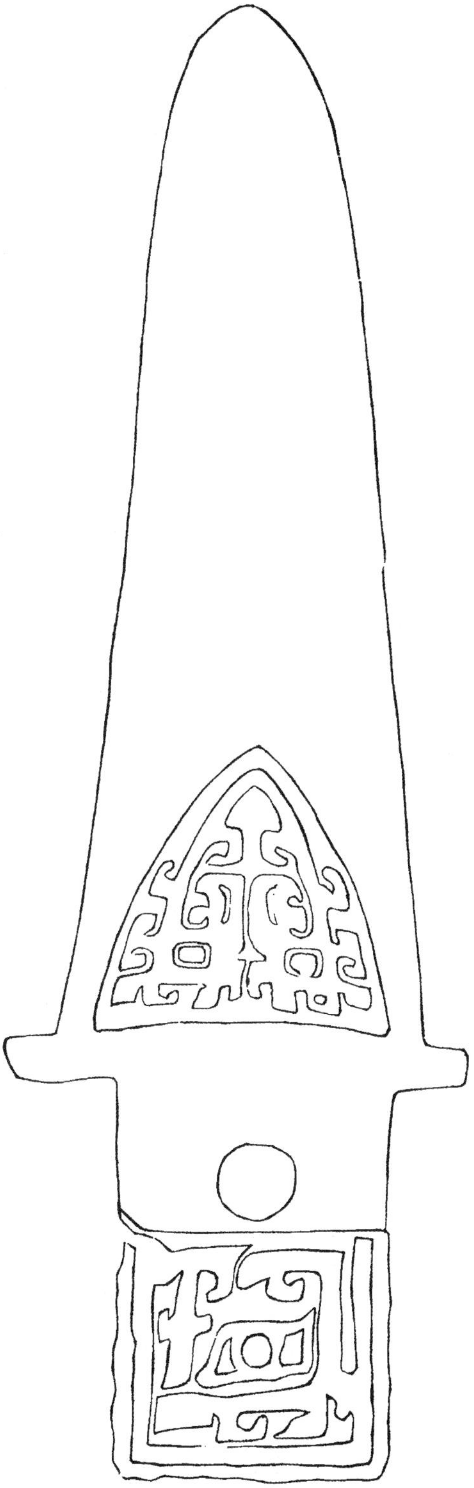

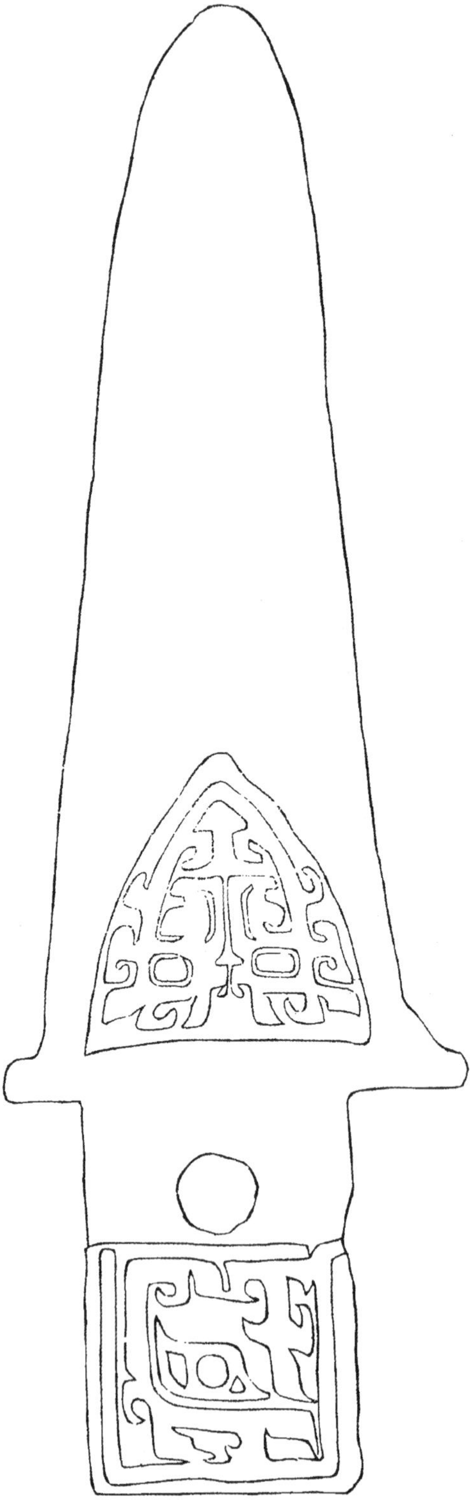

乙癸丁戈

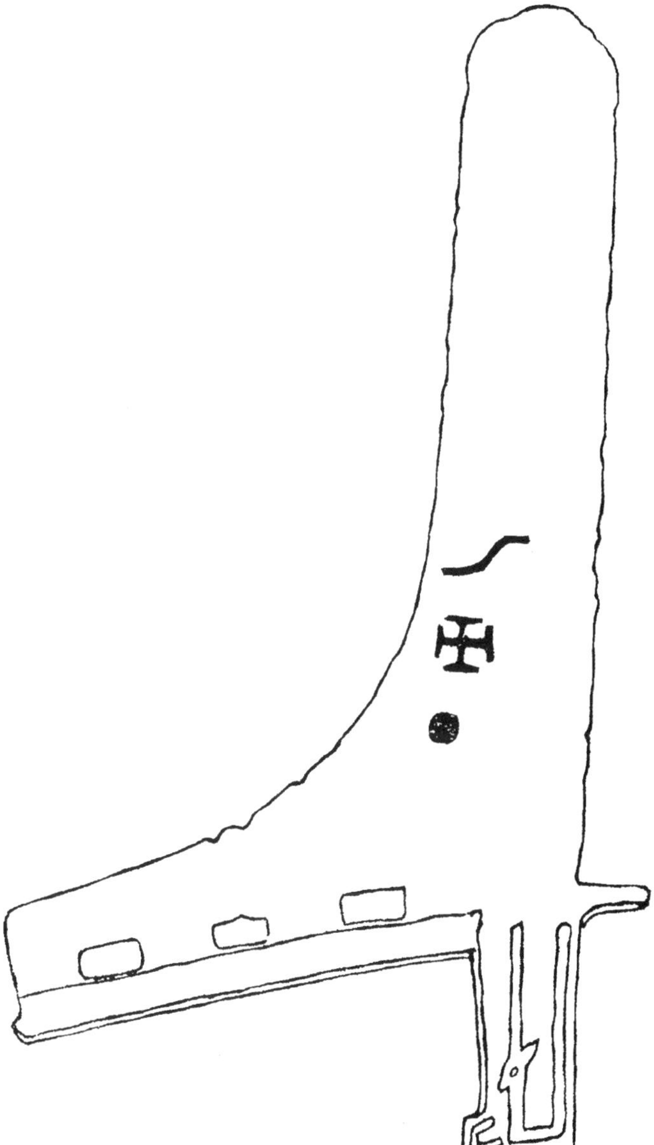

秦銅量 始皇詔

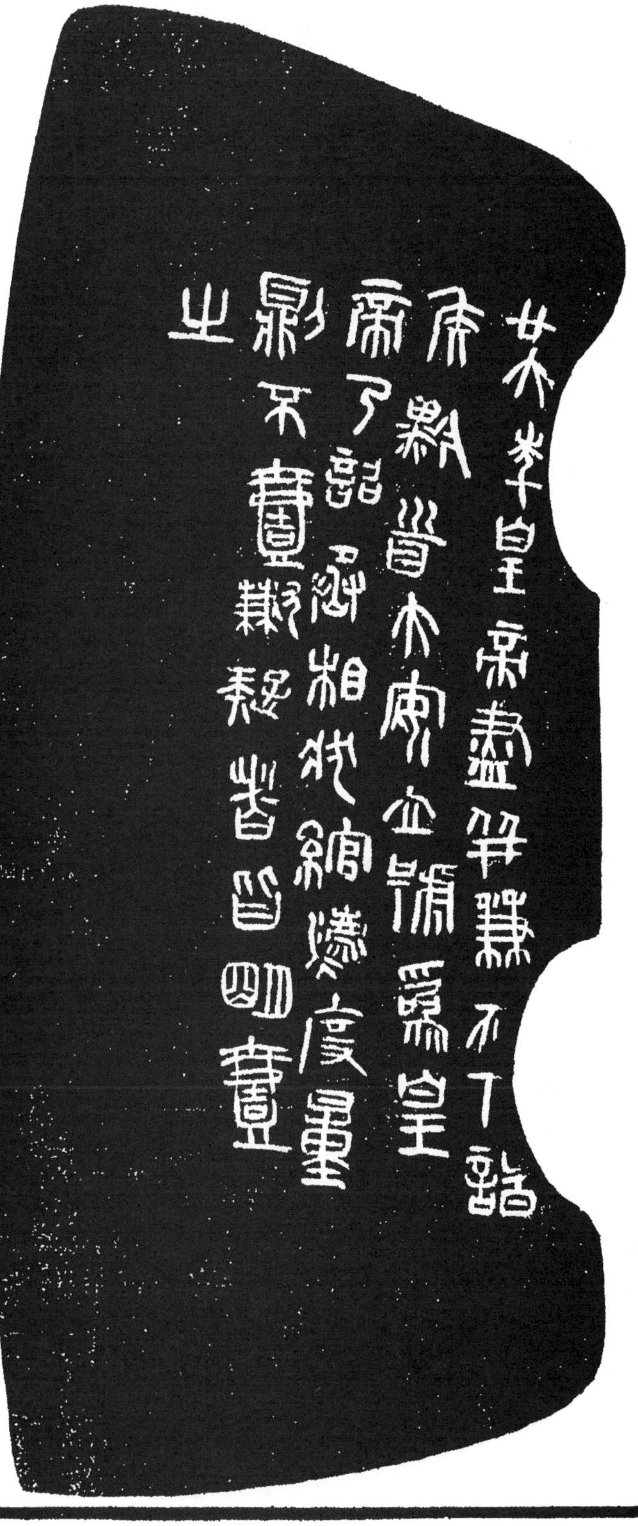
廿六年皇帝盡并兼天下諸
侯黔首大安立號爲皇
帝乃詔丞相狀綰法度量
則不壹歉疑者皆明壹
之

二世詔刻左

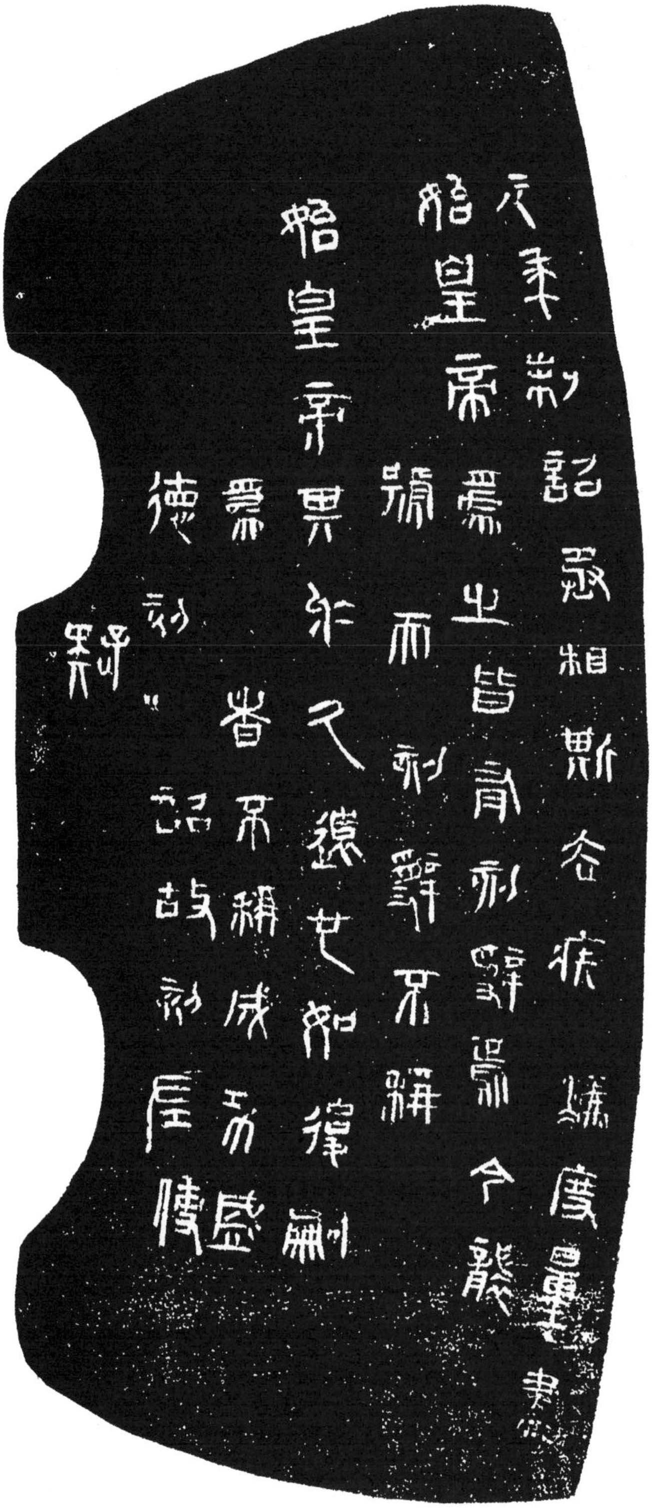
元年制詔丞相斯去疾法度量盡始
皇帝爲之皆有刻辭焉今襲
號而刻辭不稱
始皇帝其於久遠也如後嗣爲
之者不稱成功盛
德刻此詔故刻左使
毋疑

秦量詔版

始皇詔

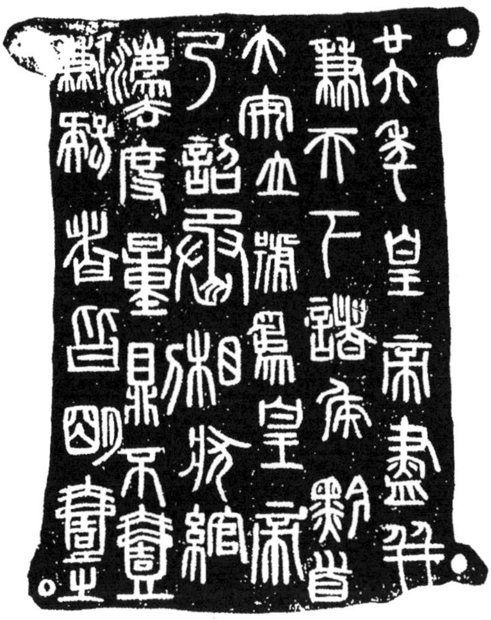
廿六年皇帝盡并
兼天下諸侯黔首
大安立號為皇帝
乃詔丞相狀綰
灋度量則不壹
歉疑者皆明壹之

秦量詔版

二世詔

盩厔鼎

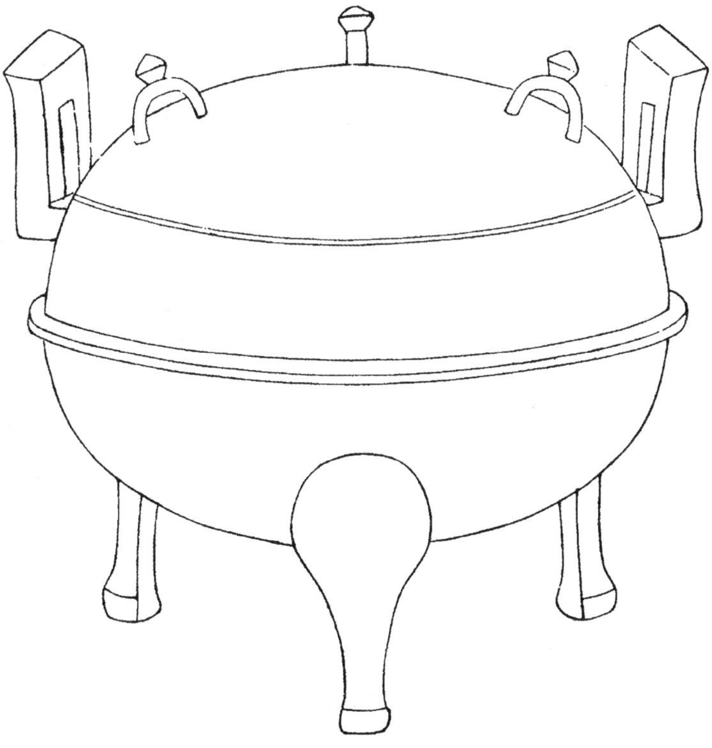

廿一年二斗鼎蓋

建二　三斤十三

盩厔共鼎容五升

重十八斤第廿一

山陵造

長楊鼎

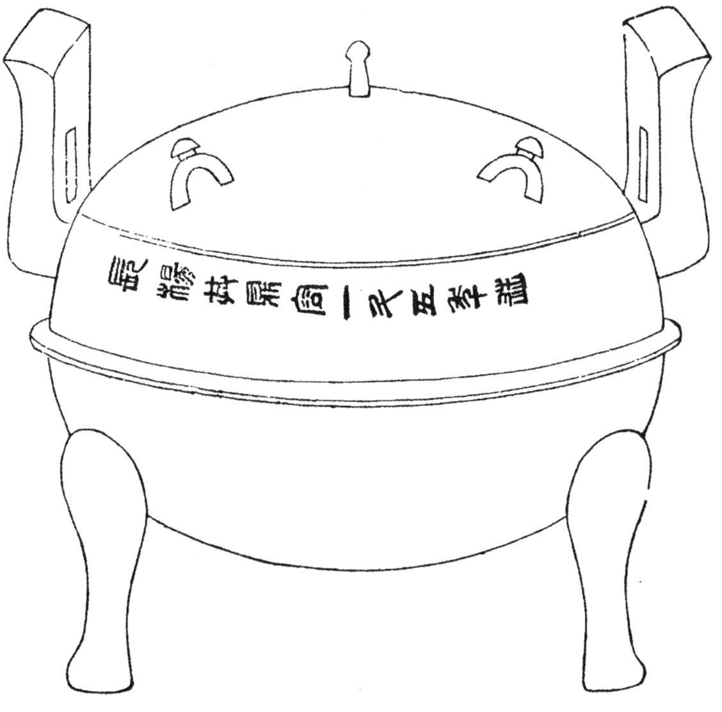

長楊其景宮一氏五季諸

新成鼎

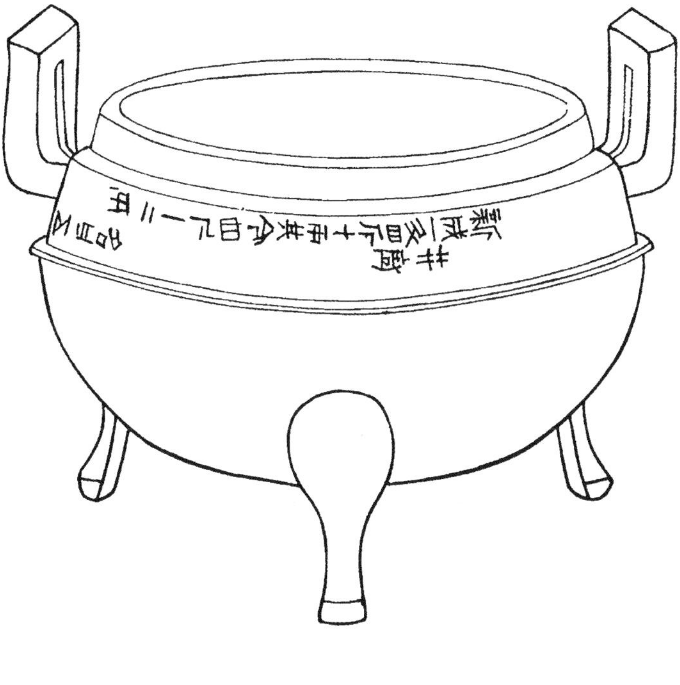

共廚

新成一斗四斤十兩共合四斤一三兩

名曰平

安陵鼎盖

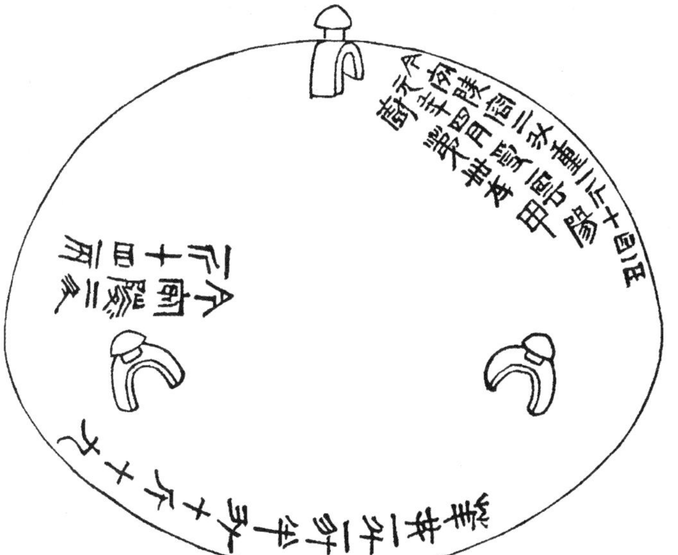

今閺陵二斗

今閺陵宿二斗重一斤十四兩
元年四月廋□陽卅本甲

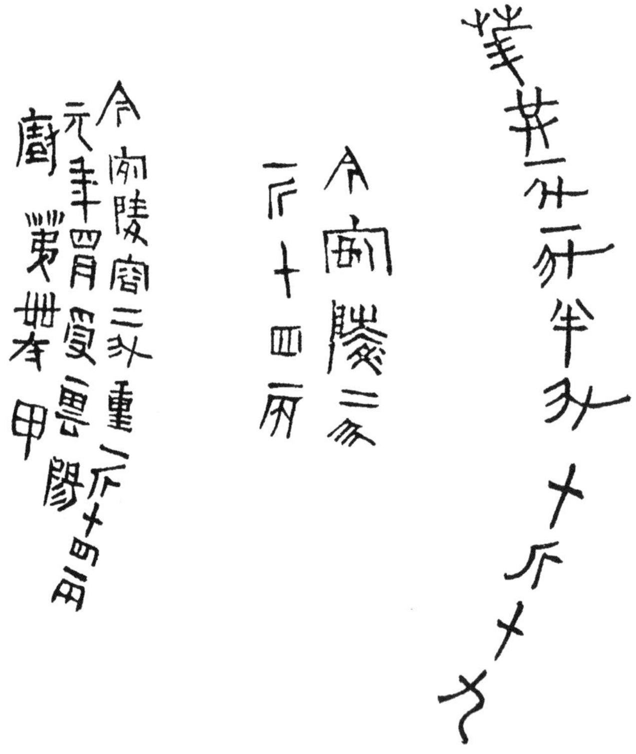

杜陵東園鍾

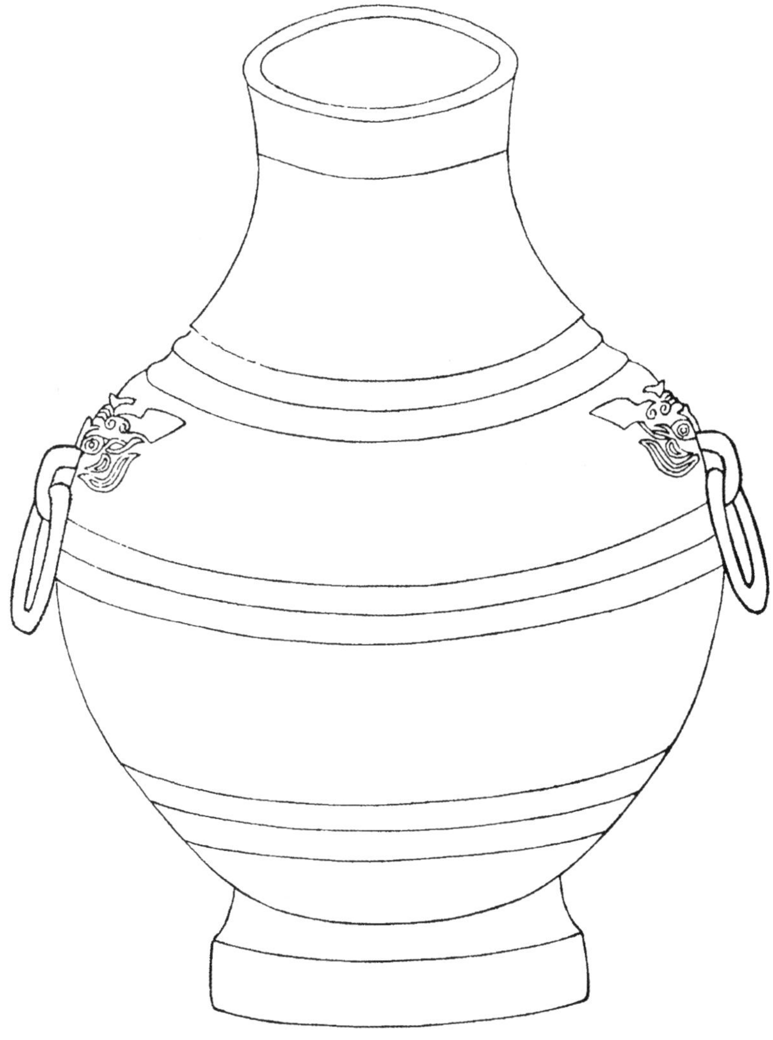

杜陵東園銅鍾容三

重一斤十六永始元年供工長造護昌守嗇夫宗掾通

主左丞博令並省

建平鈁

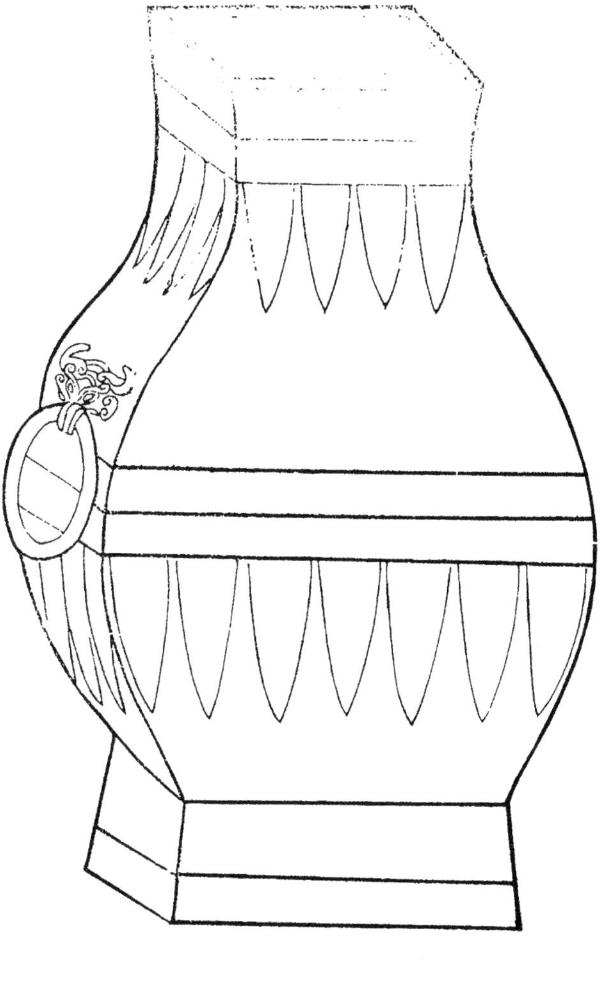

銅鈁容六升重卅六斤建平
二年供工工音造

千四鈁 陽識

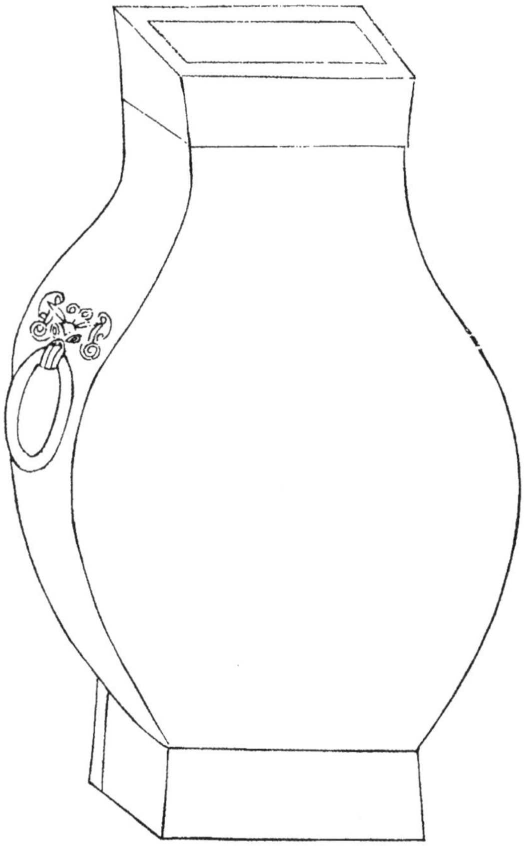

器内

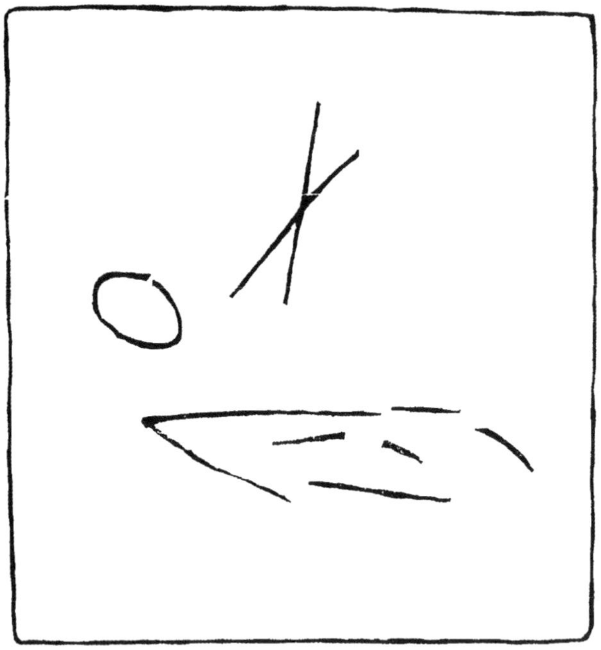

器底

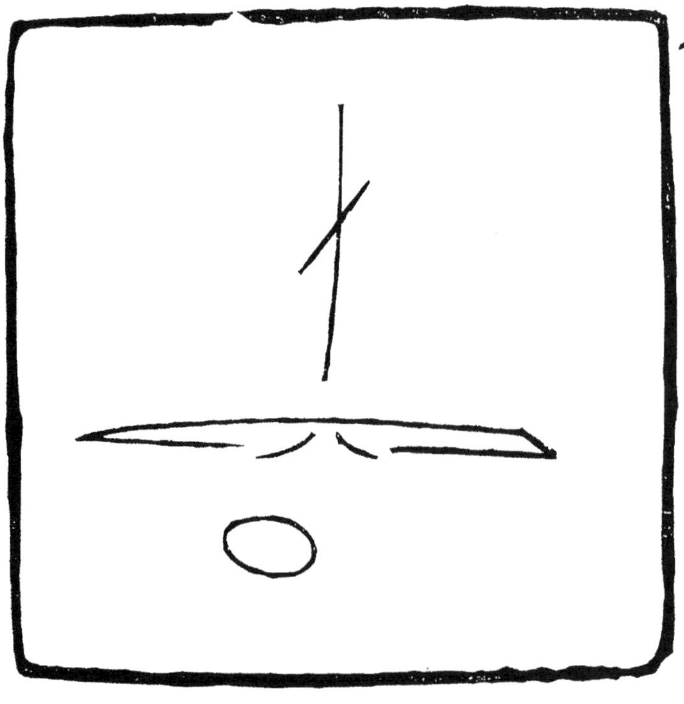

日入大万壶

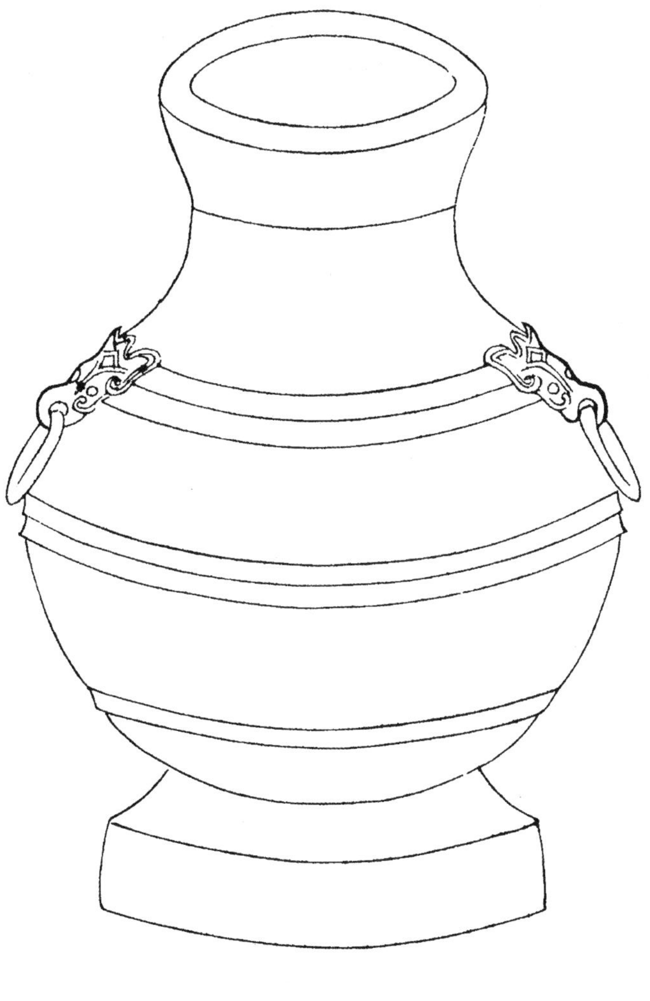

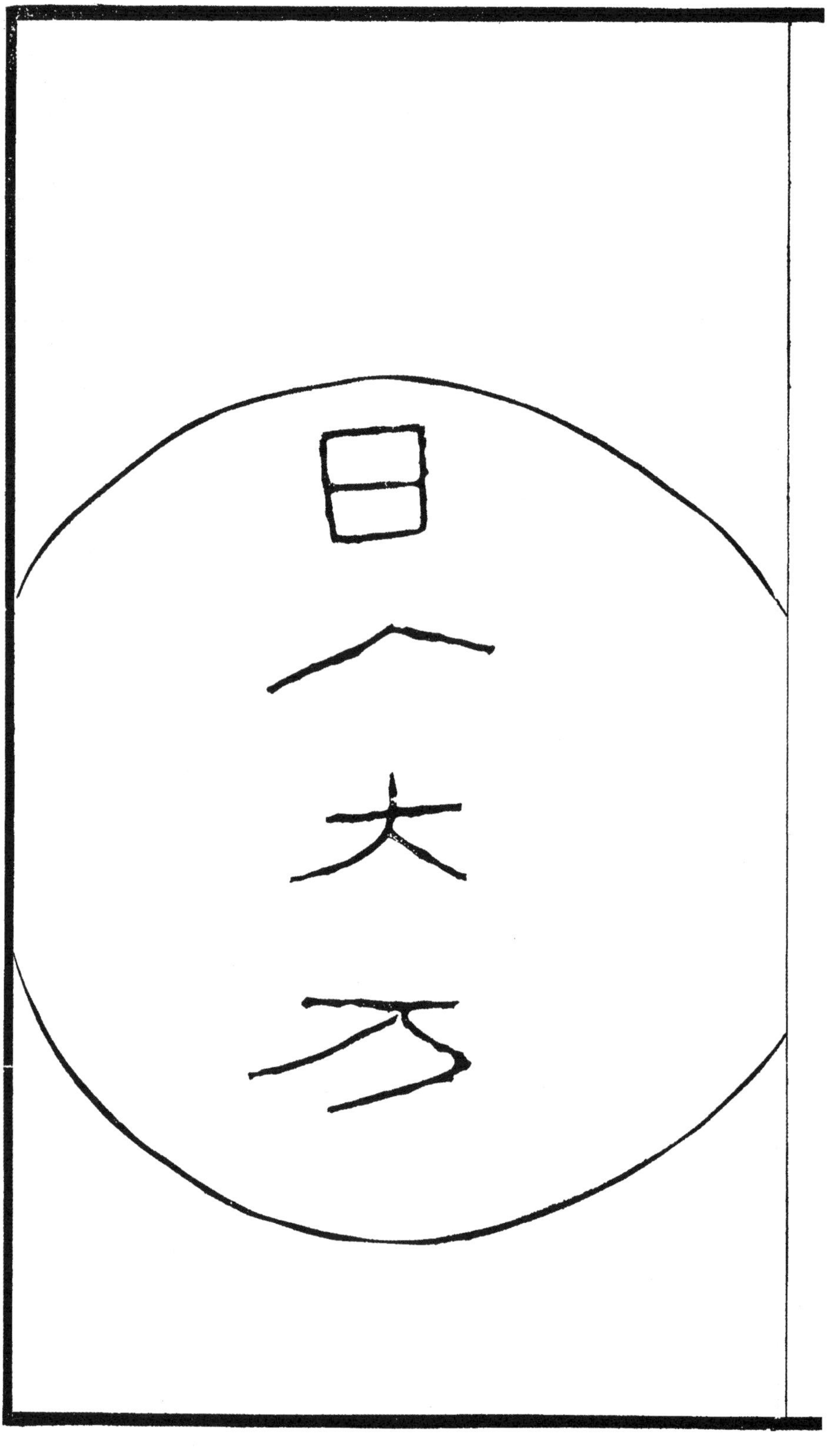
日
入
大
万

日入八千壺 李勤伯太守藏器

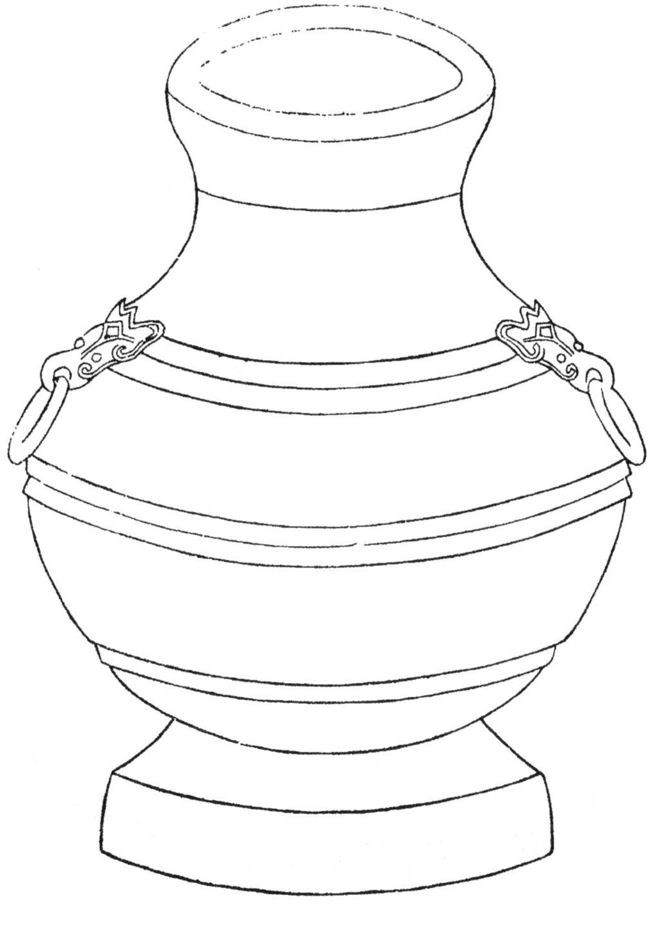

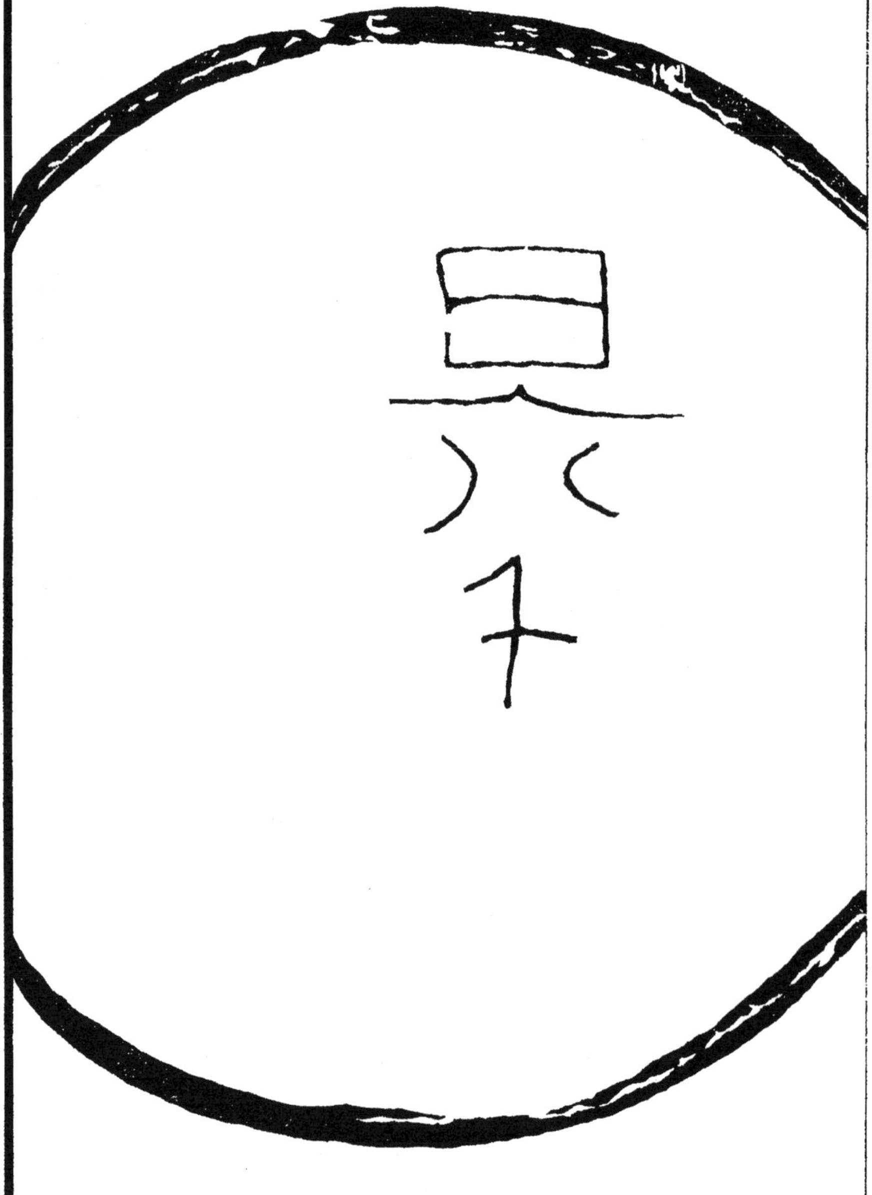

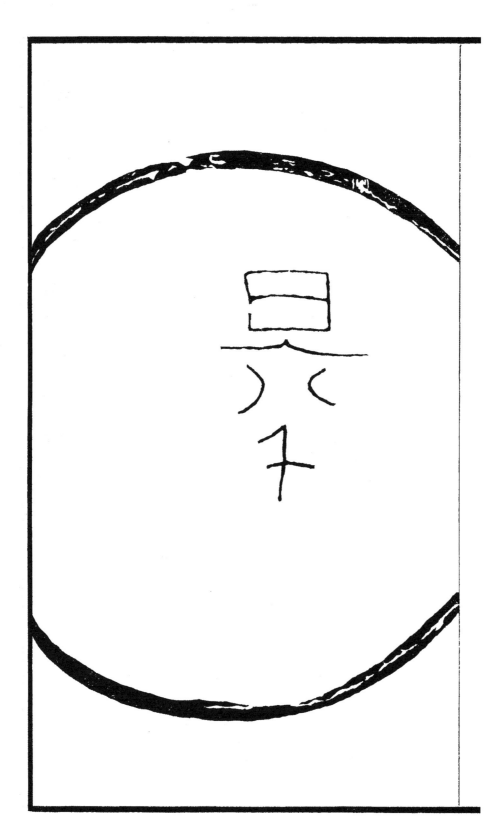

王壺 陽識

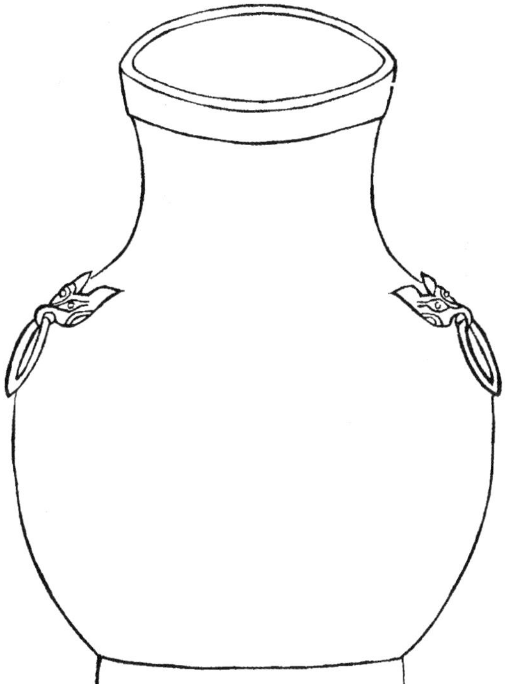

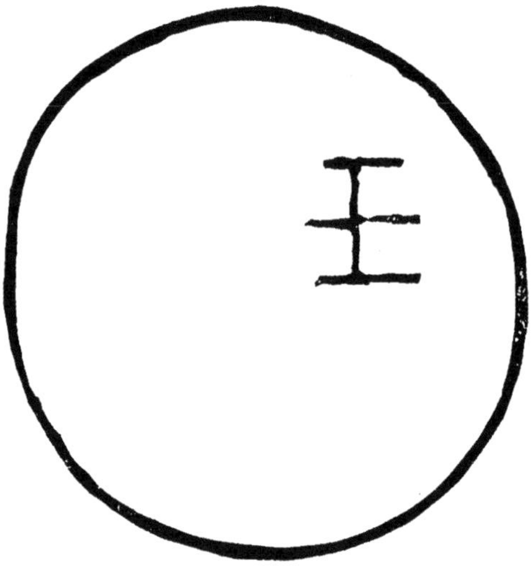
王

萬金壺 蒲城楊氏藏器

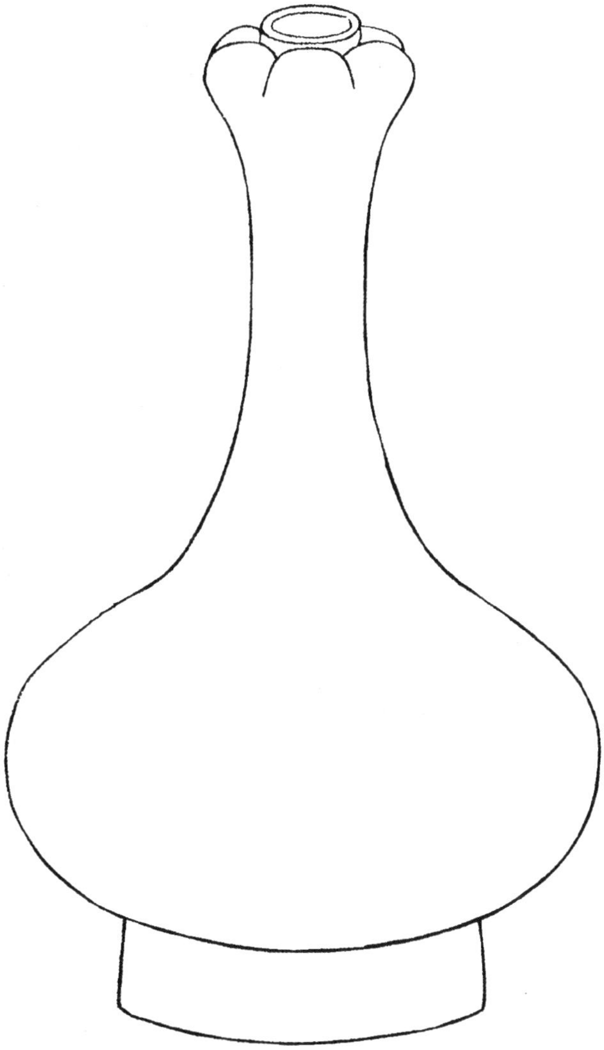

平陽甗 李勤伯太守藏器

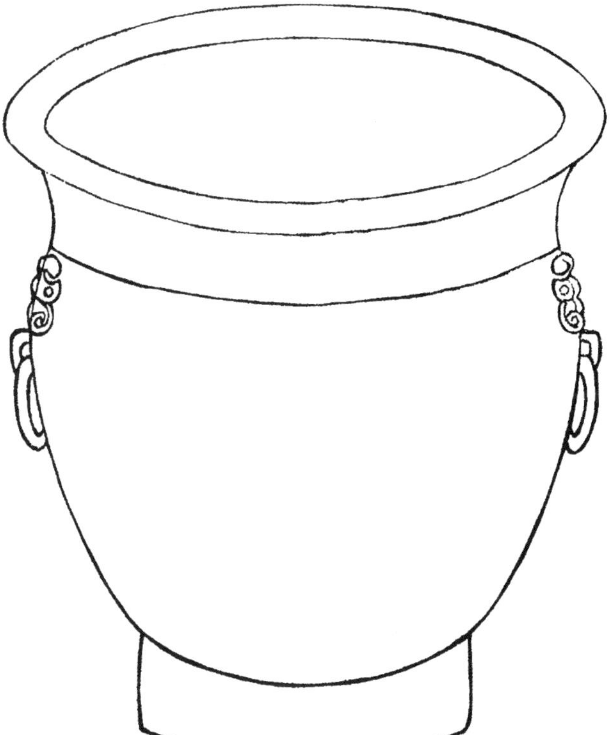

漢三平陽英廬鄭一宮二外八升

重十斤六兩

匠四

二七

宜子孫鐙

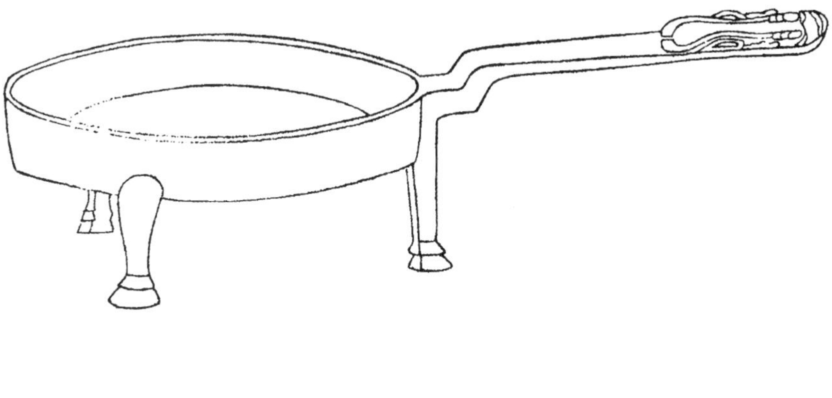

宜子孫

延光洗

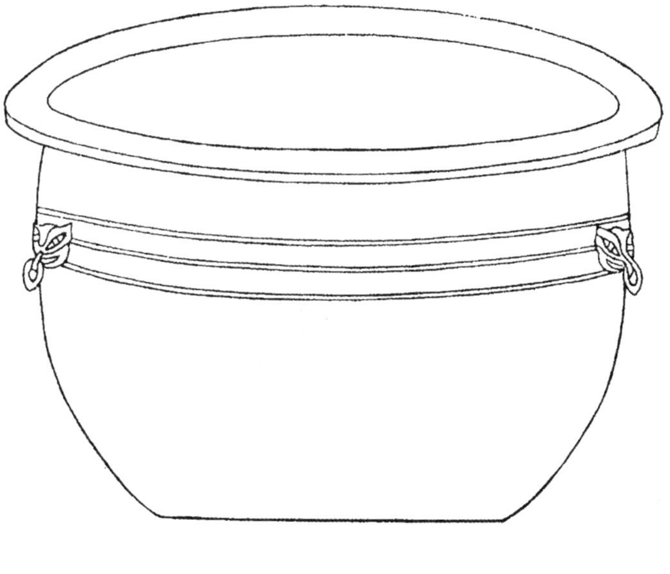

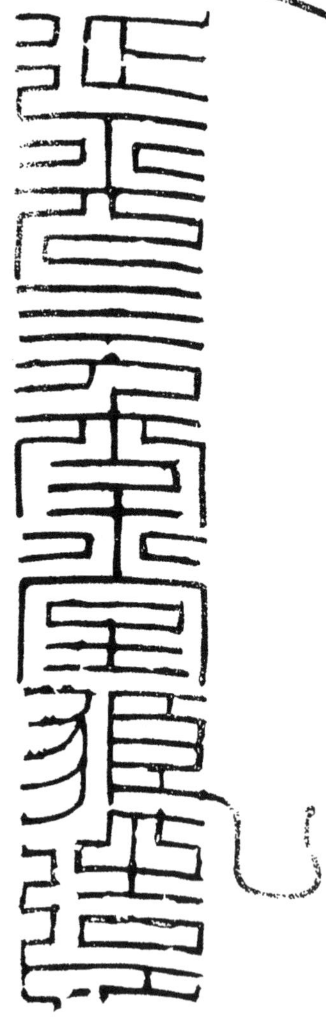

永和洗

蔣香生太守藏器

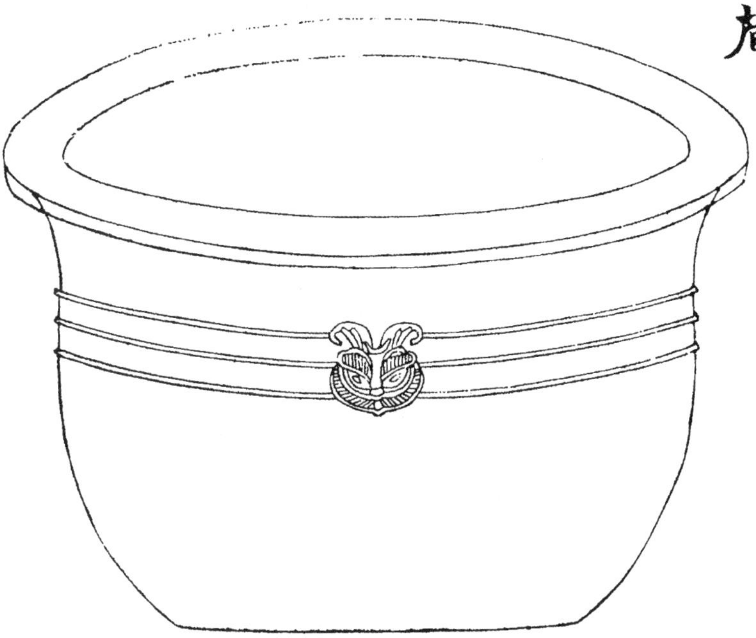

永元洗

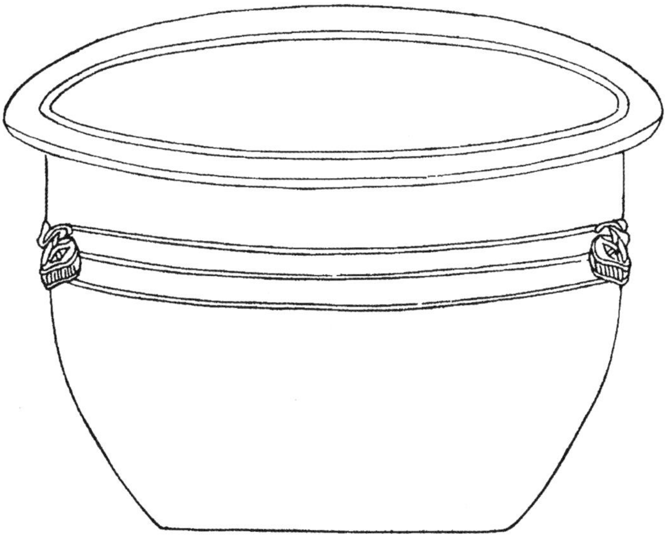

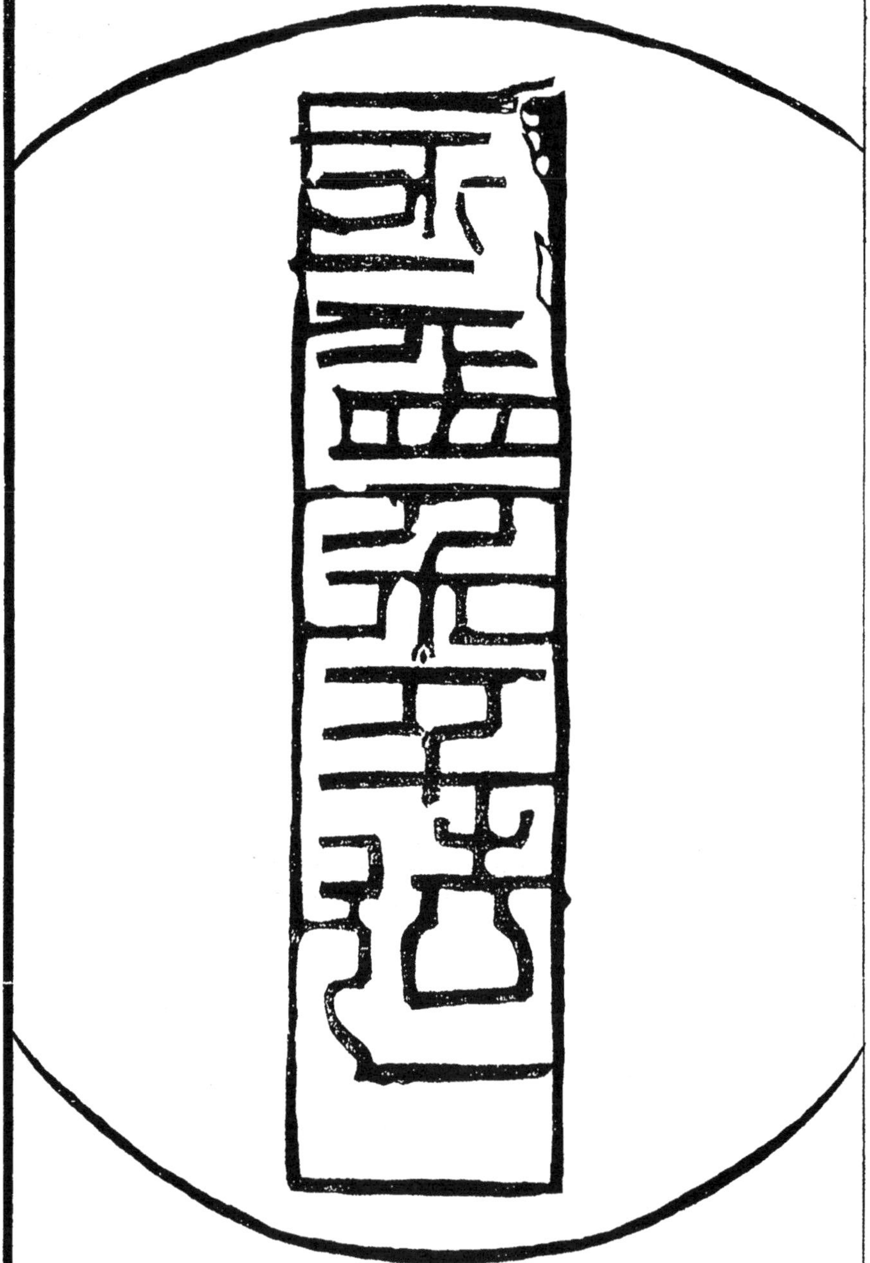

吉羊洗 蒲城楊氏藏器

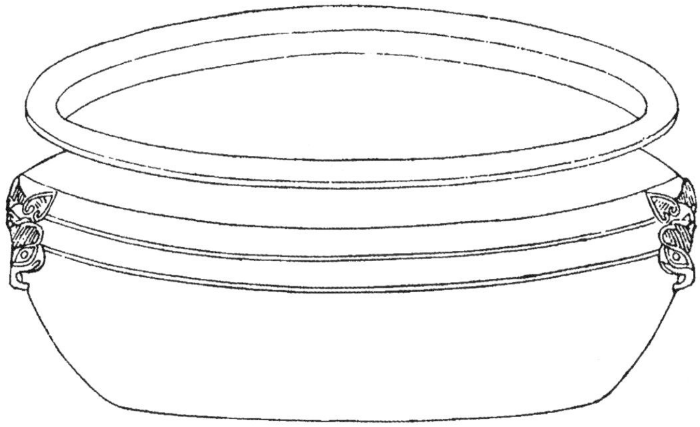

泗水王虎符

塗金錯銀字蒲城楊氏所藏

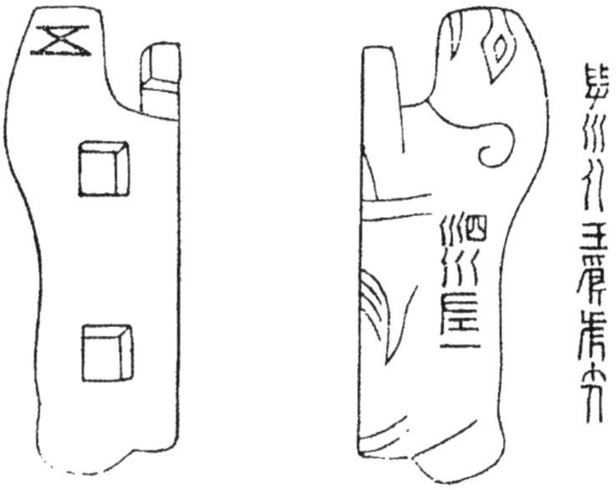

長沙太守虎符

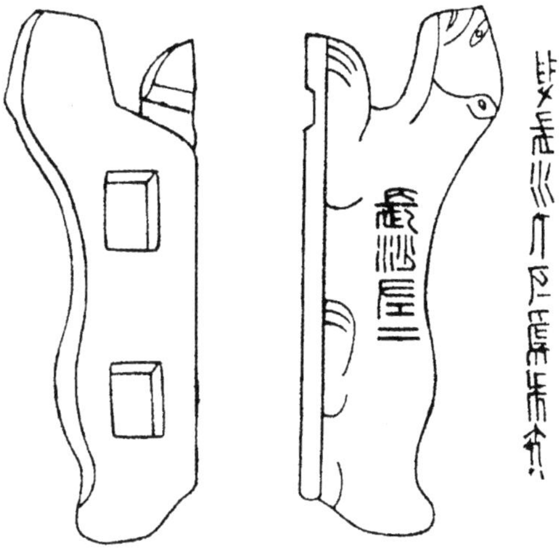

建興弩機 蒲城楊氏藏器

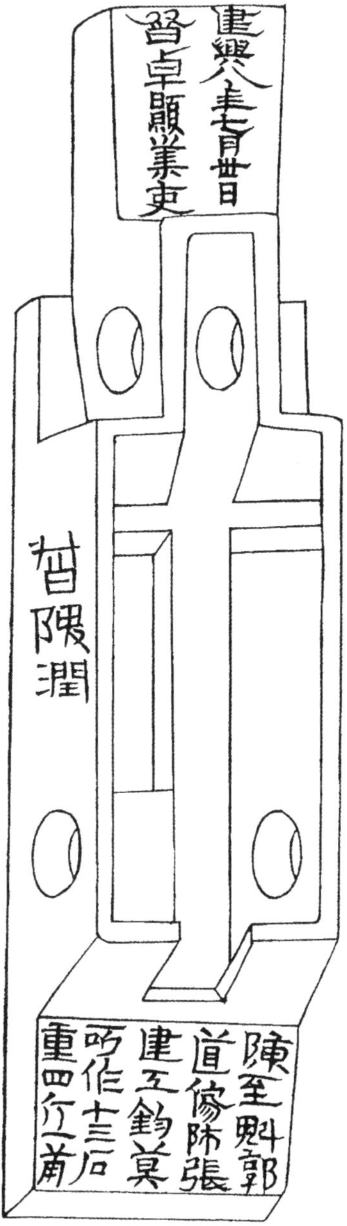

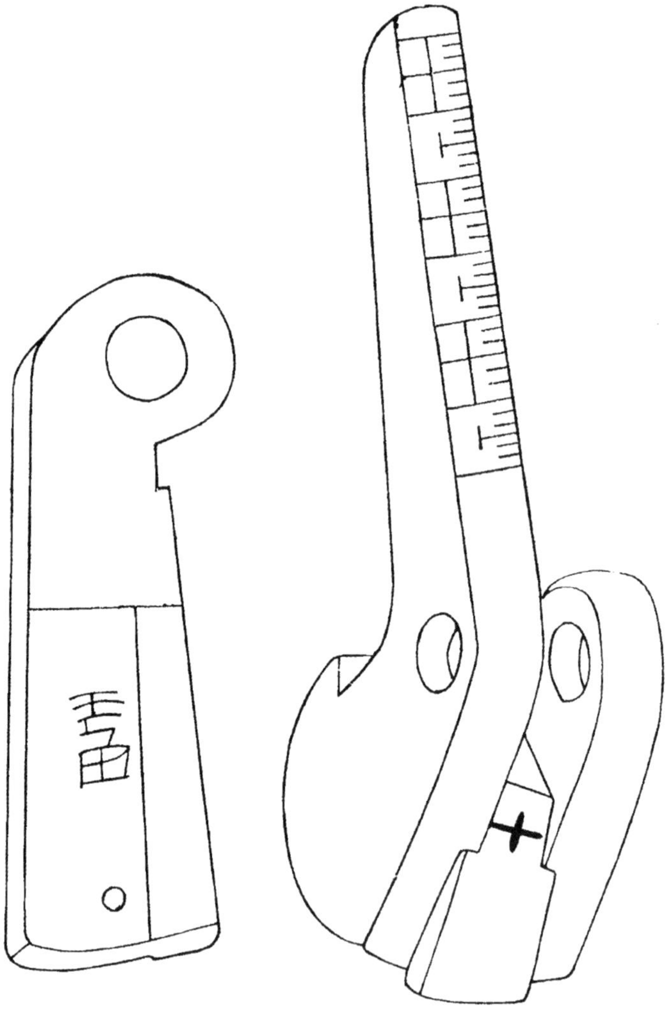

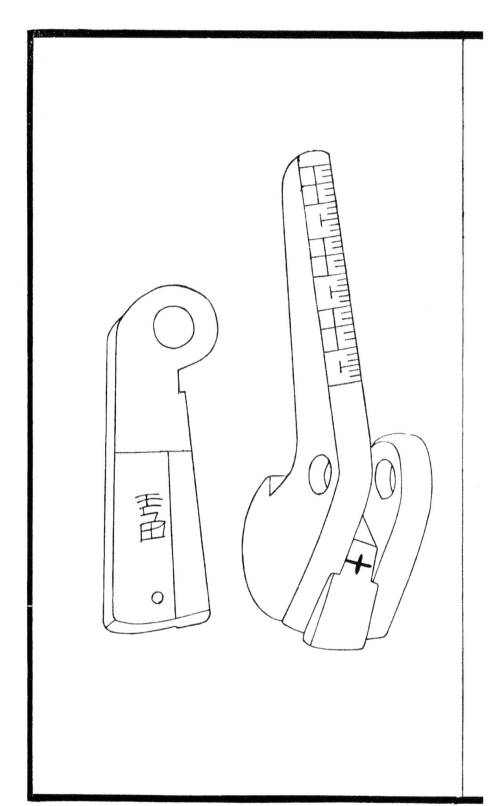

斗檢封

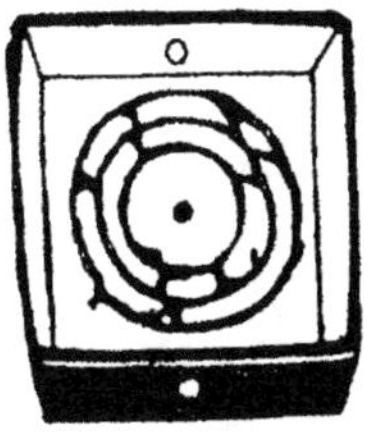

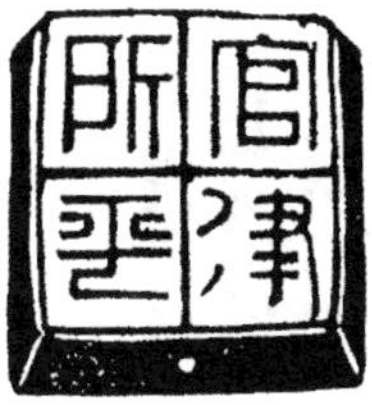

龍蛇辟兵鉤

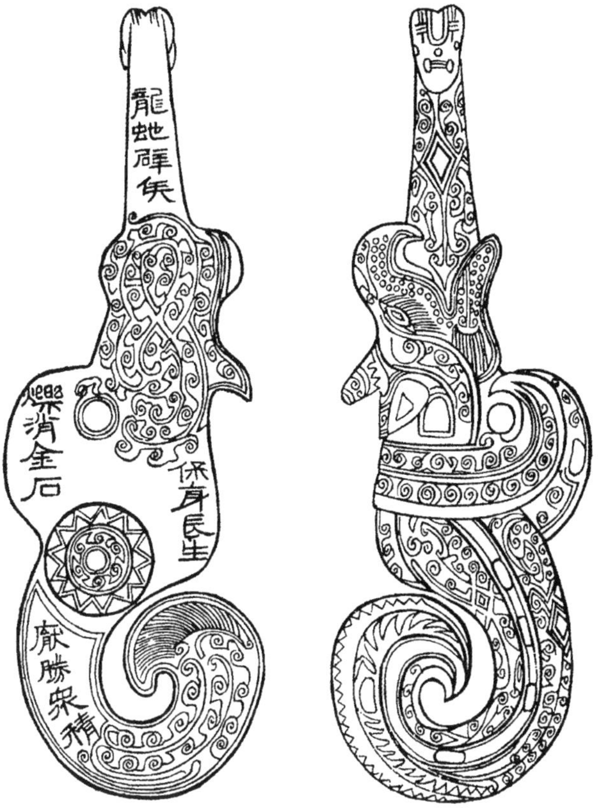

左将軍鉤

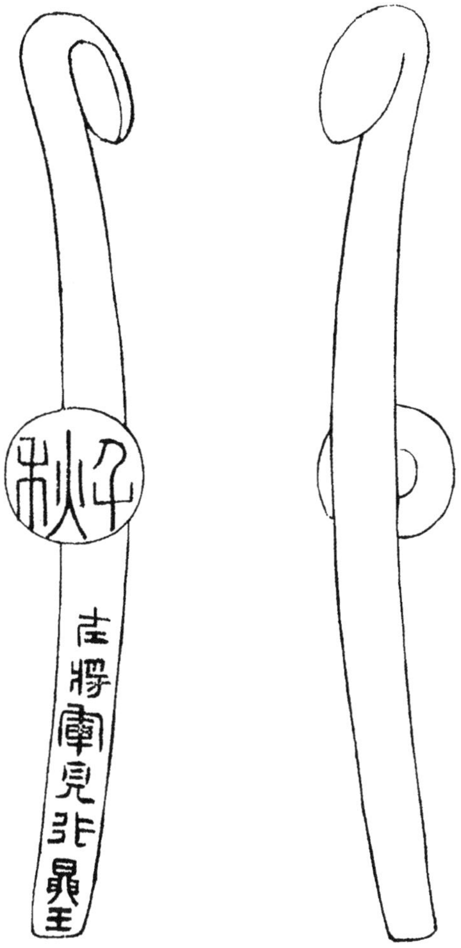

長生大富鉤

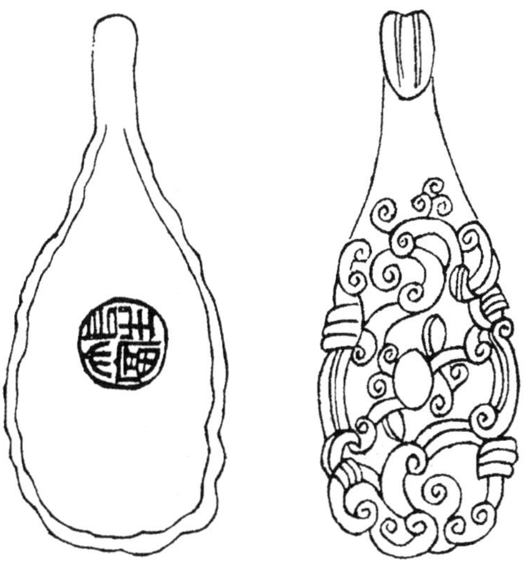

富来鉤

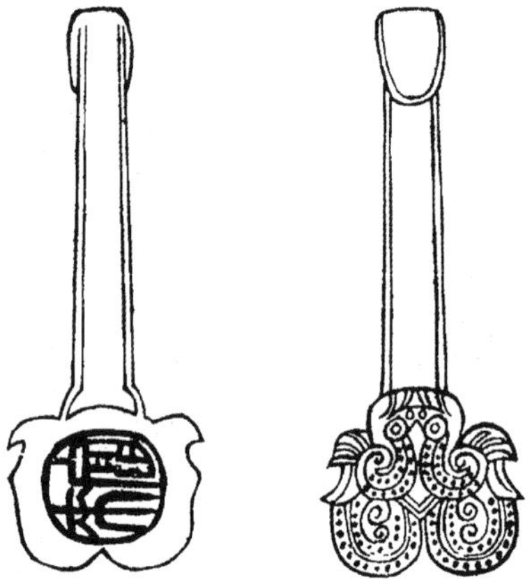

生字鉤

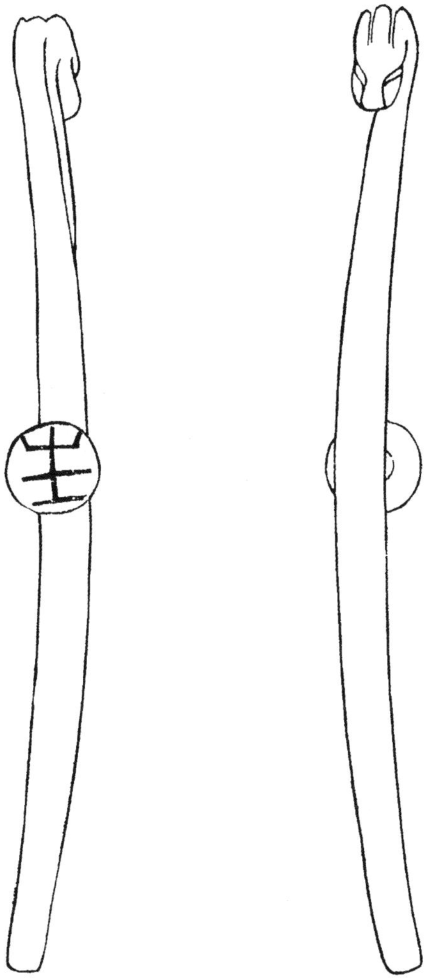

蠟封印鉤

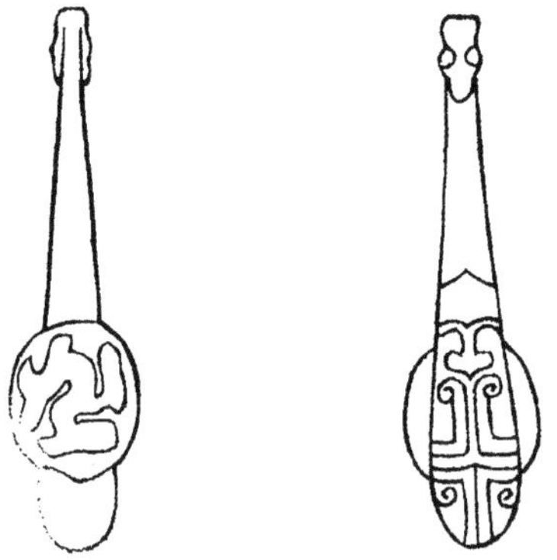

千金氏字器

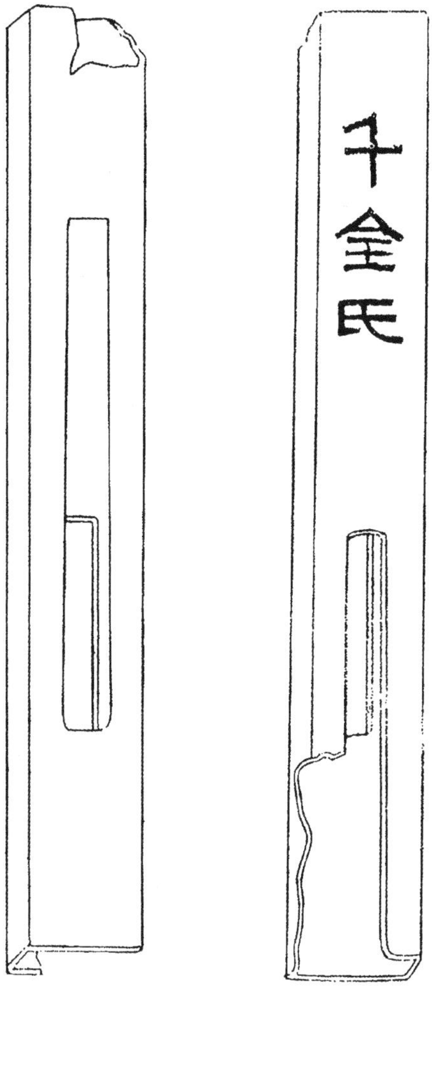

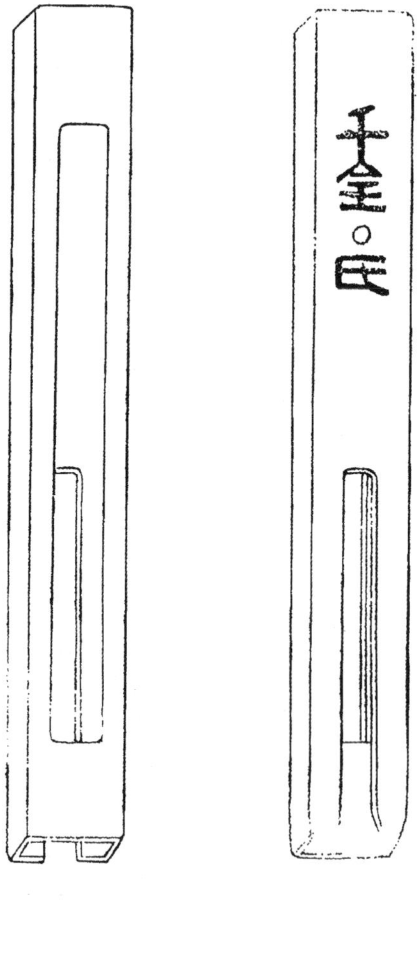
千金氏

大吉利宜牛犢鐸

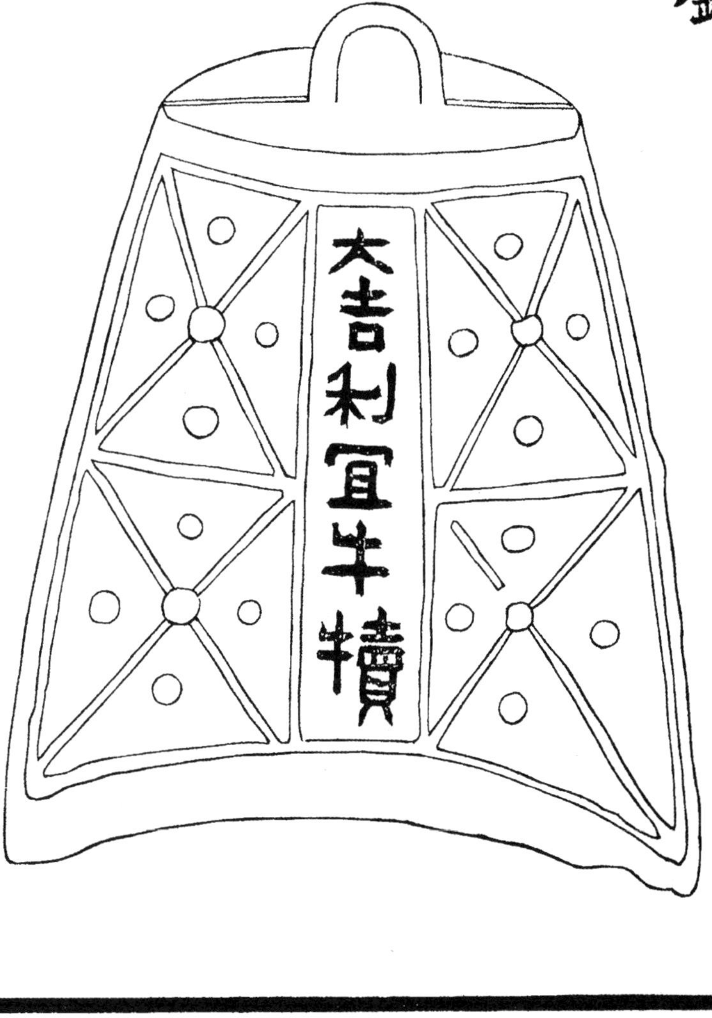

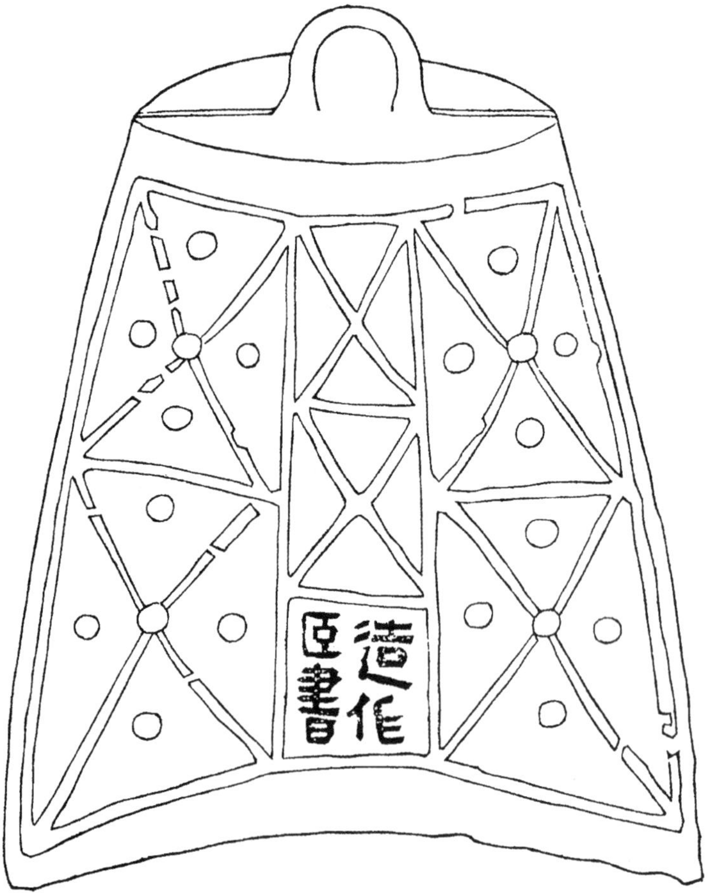
造作
臣書

宜子孫鐸

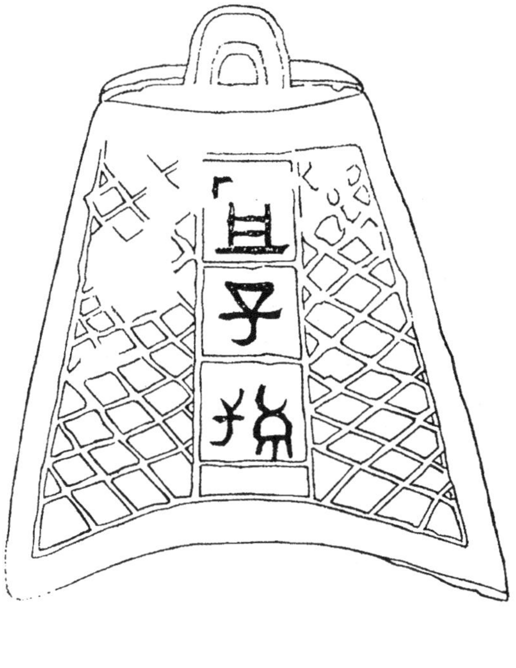

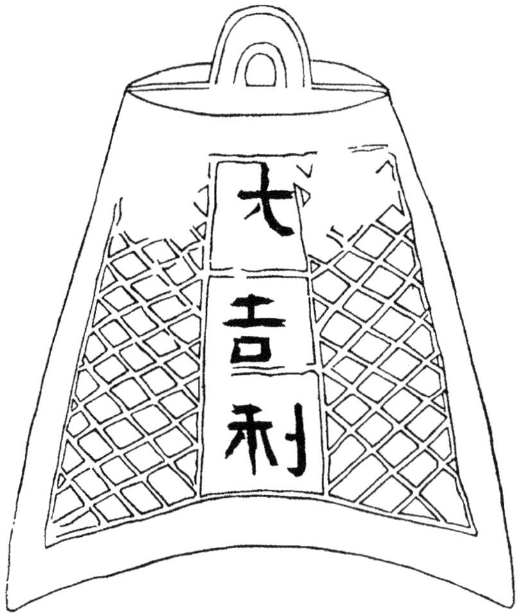
大吉利

大吉宜牛馬鈴

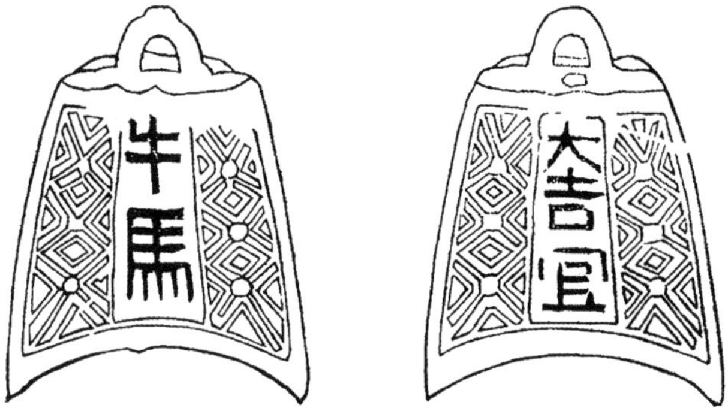

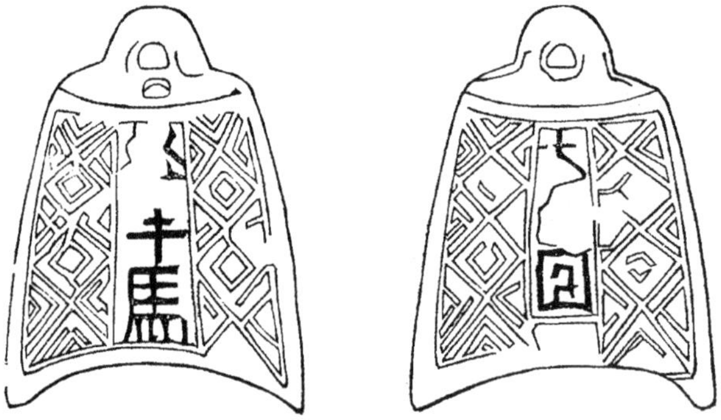

古玉圖考

古籍底本由國家圖書館提供

此吴清卿刊本日未覩浮姬人荔湾六方此曾偶送友人求借取原本以寄子康頔妙擇此虢見者鈞並以甫致核付荔灣收覽而忡必子窅壺園

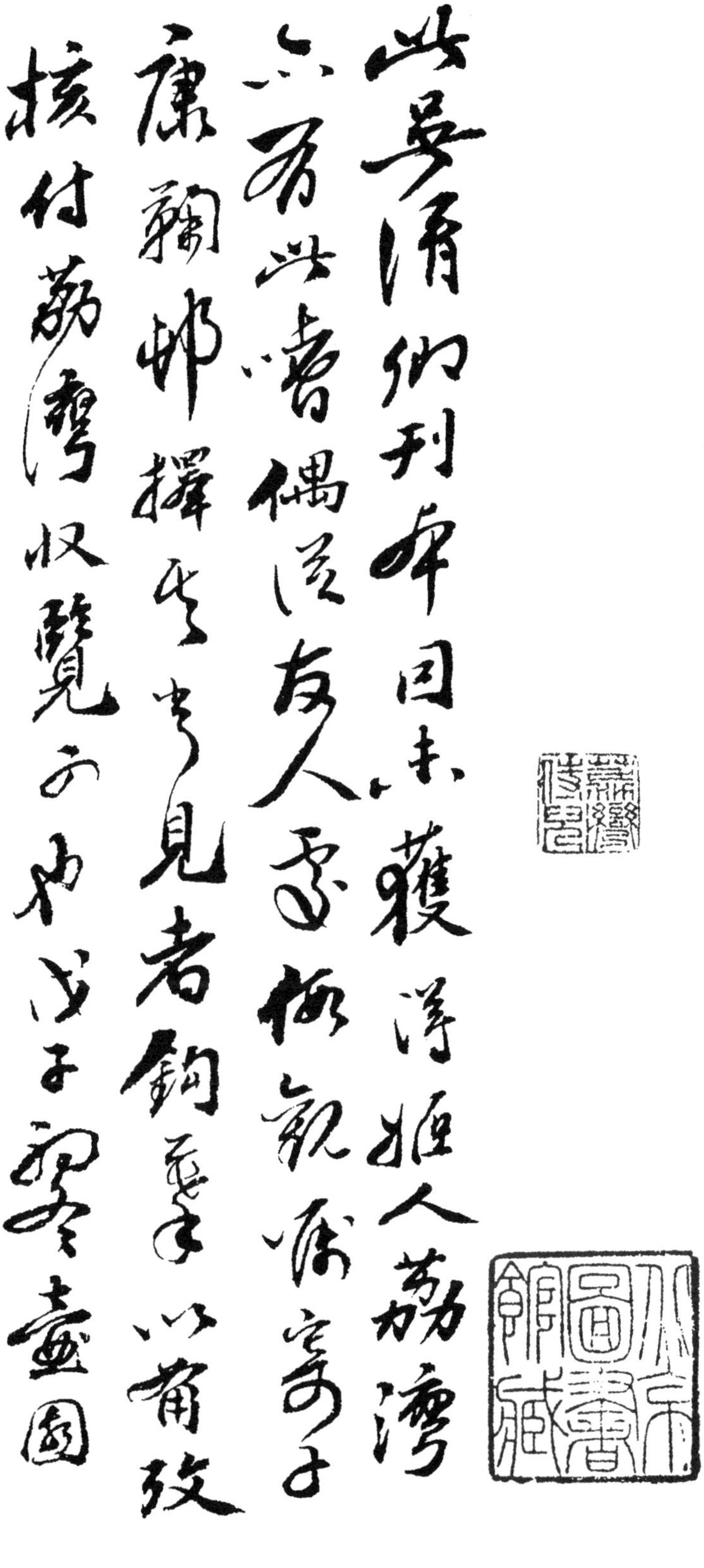

璧

此全璧畱其半耳

瑗

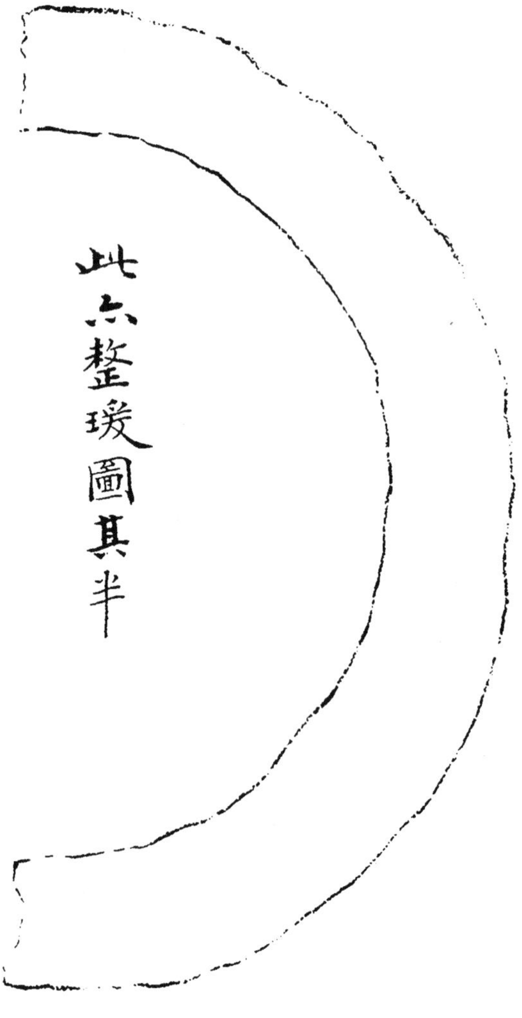

鉥

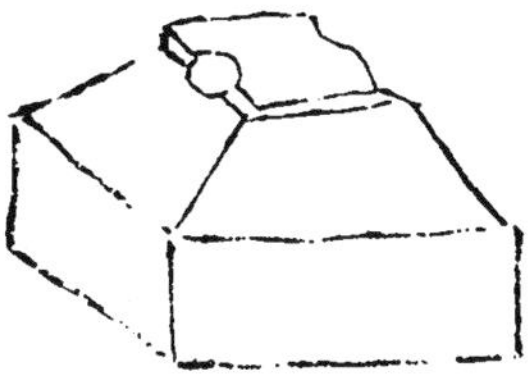

鉥

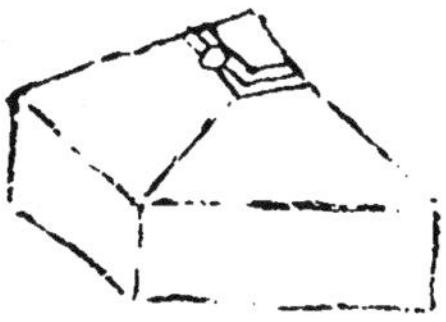

鉥

鉥

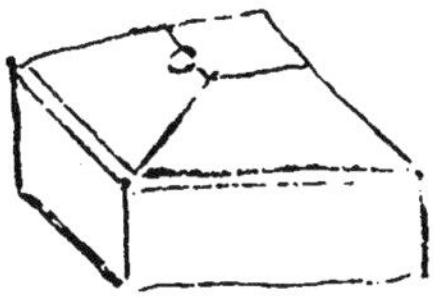

鉥

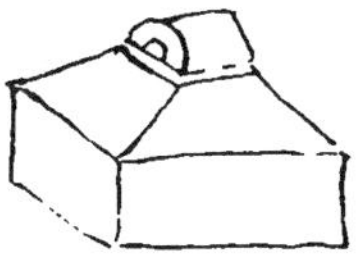

鉥

鉨

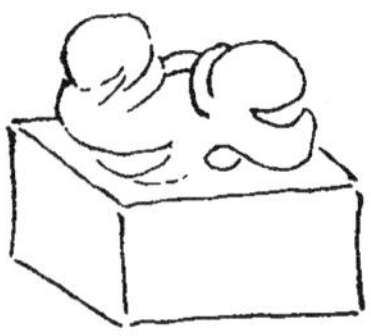

鉨

鉨

鉨

鉨

鉨

鉥

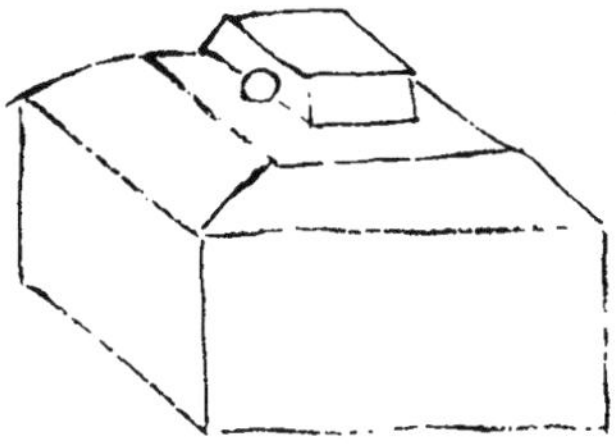

鉥

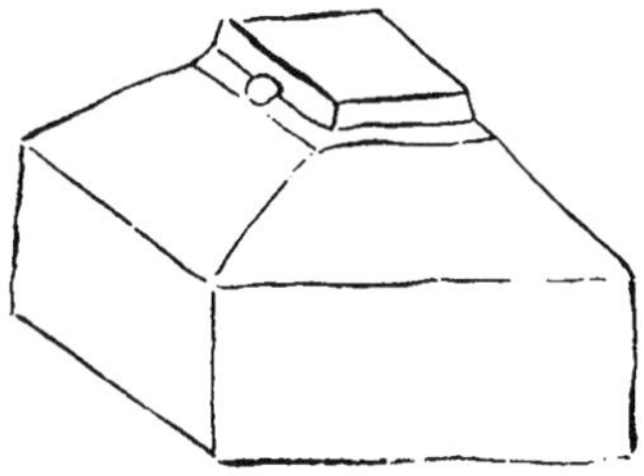

鉥

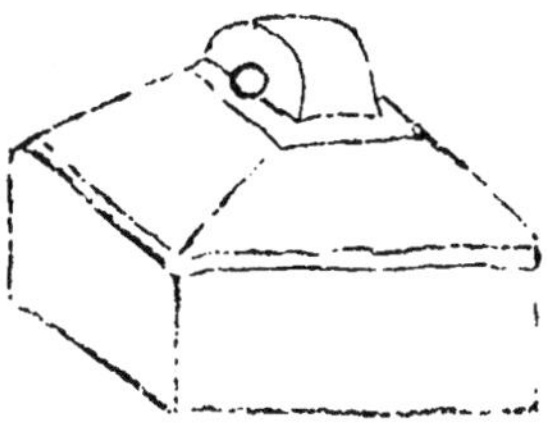

鉥

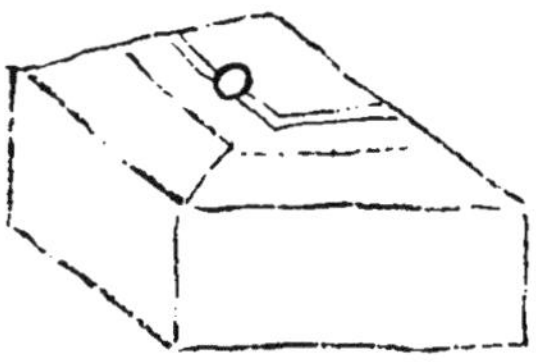

鉥

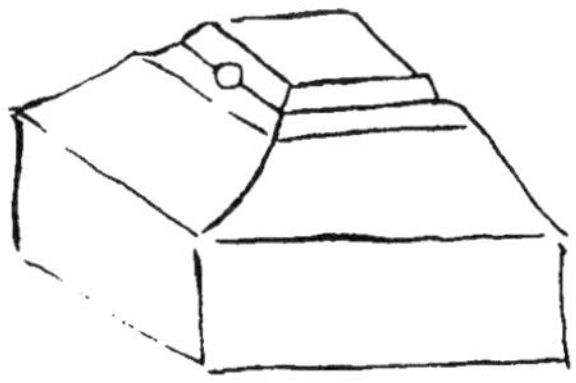

鉥

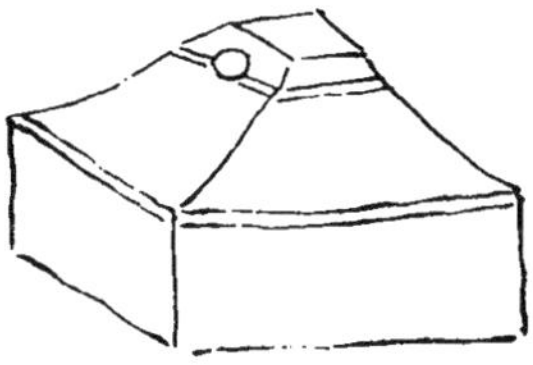

唐玉魚符

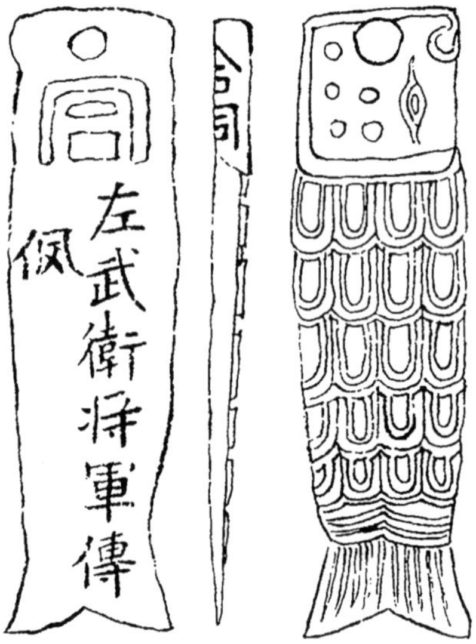

琫

俗名虎符

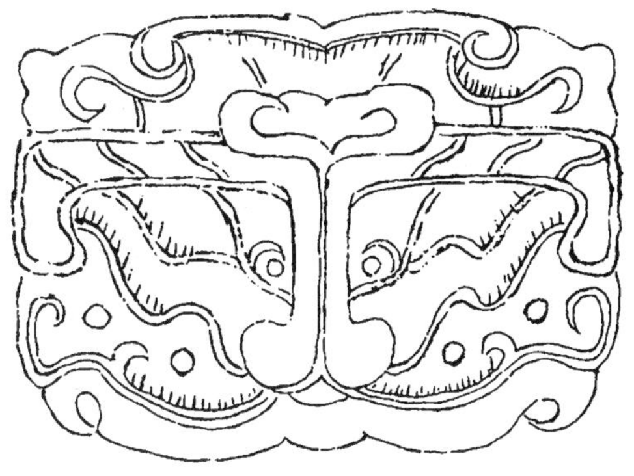

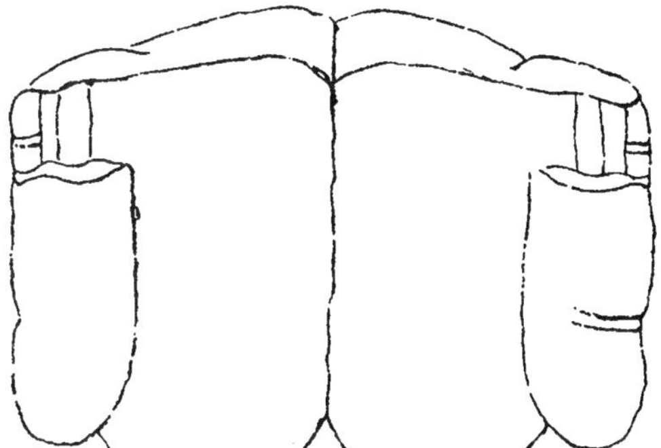

押

押

璏

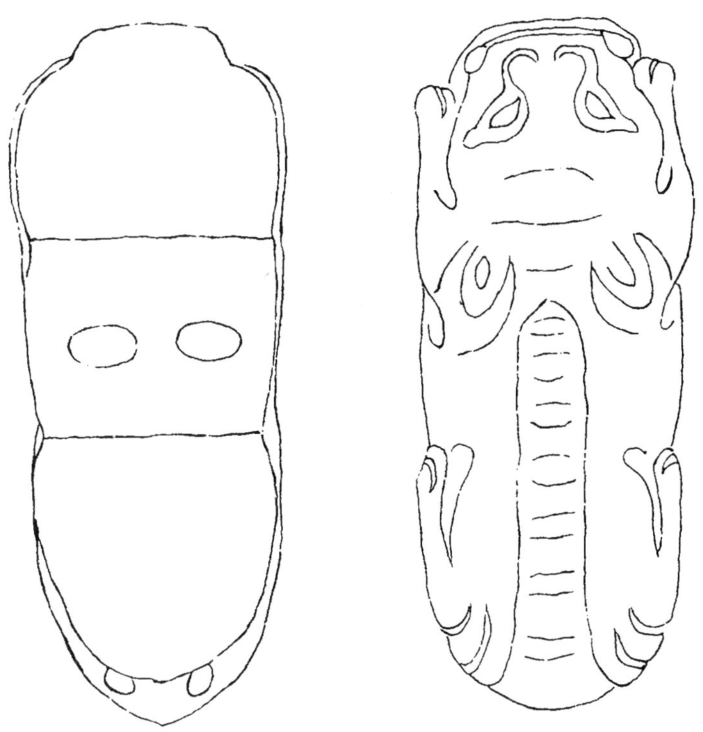

押

小觿

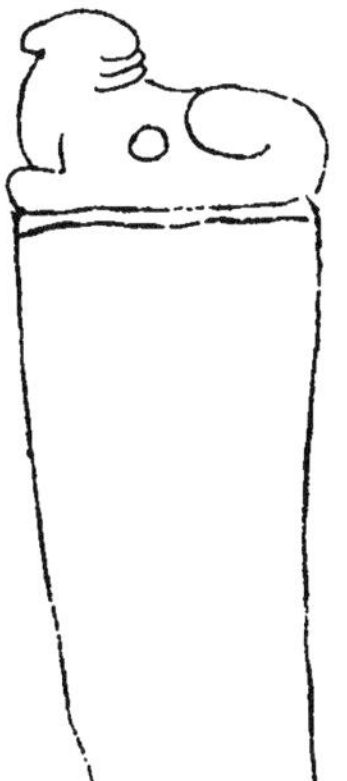

小觿

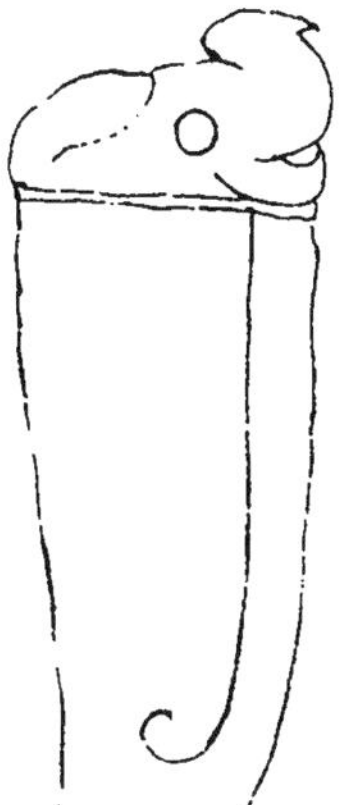

漢剛卯

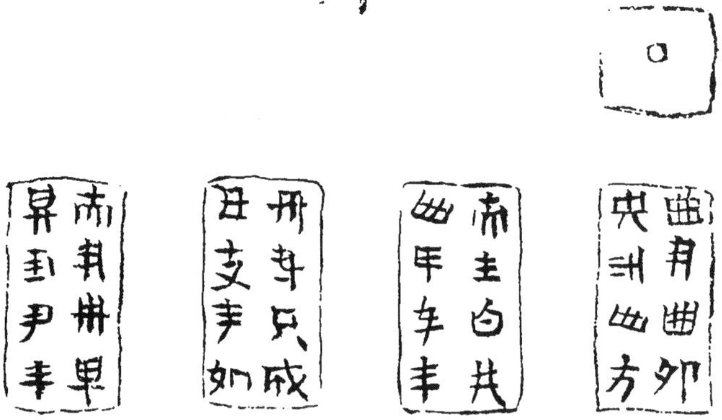

剛卯

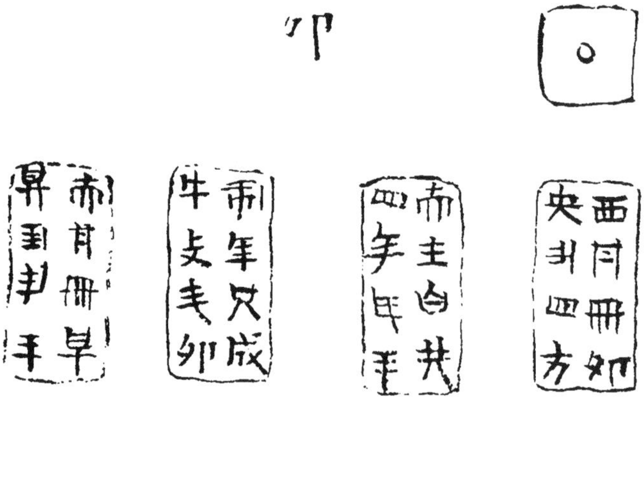

大觿

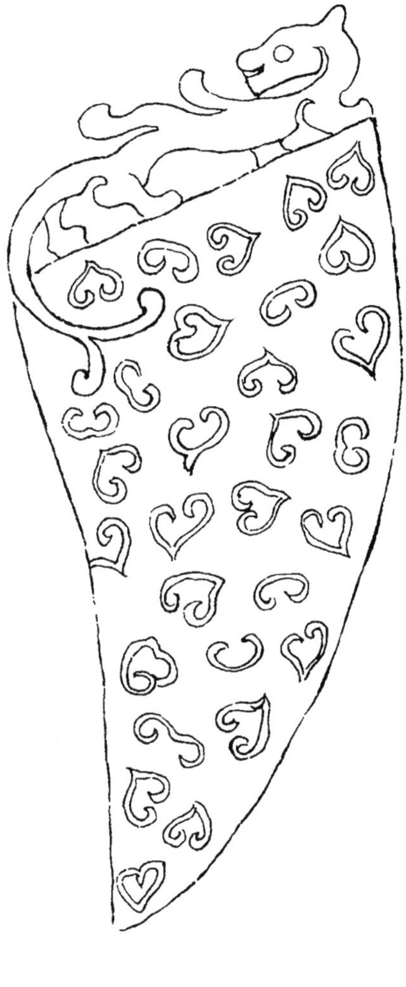

漢剛卯

正月剛卯既央，靈殳四方，

赤青白黃，四色是當，

牛支卯成

赤月卅早
昇用甲手

剛卯

曲門川卯央斗四方

赤青白共四色是當

而羊只成牛支丁卯

赤月卯早昇用甲手

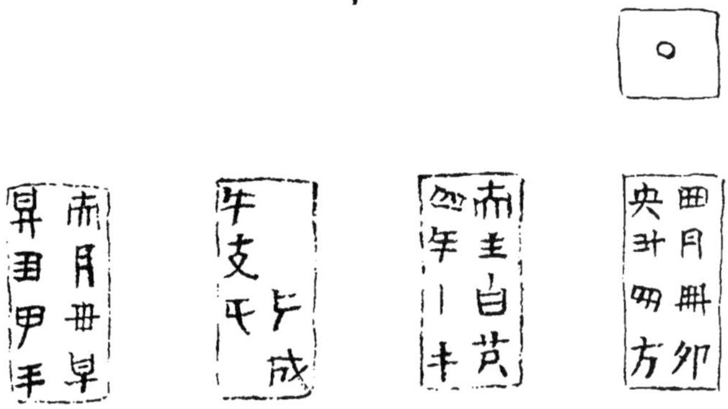

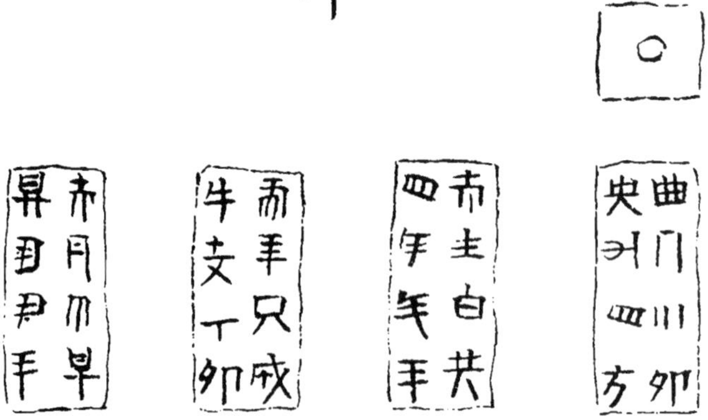

璜

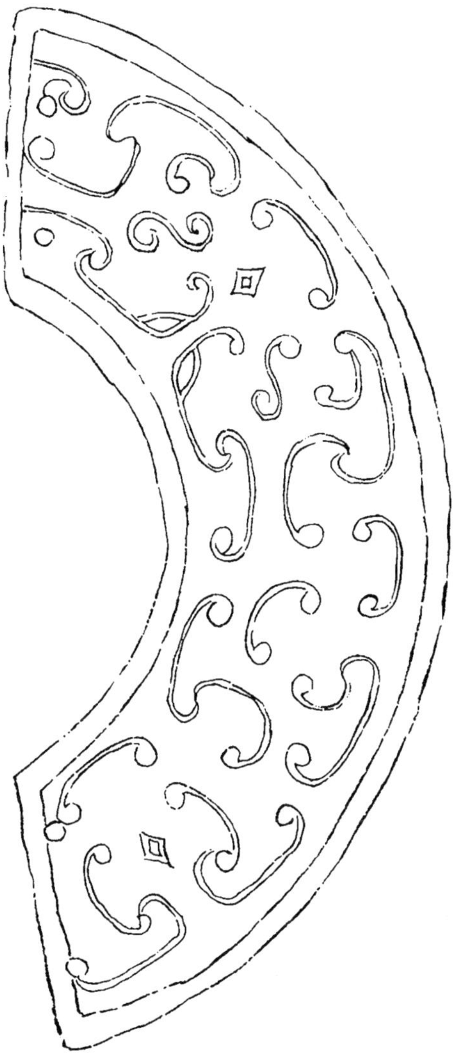

璢

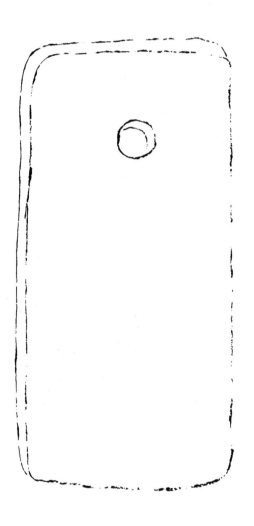

璜

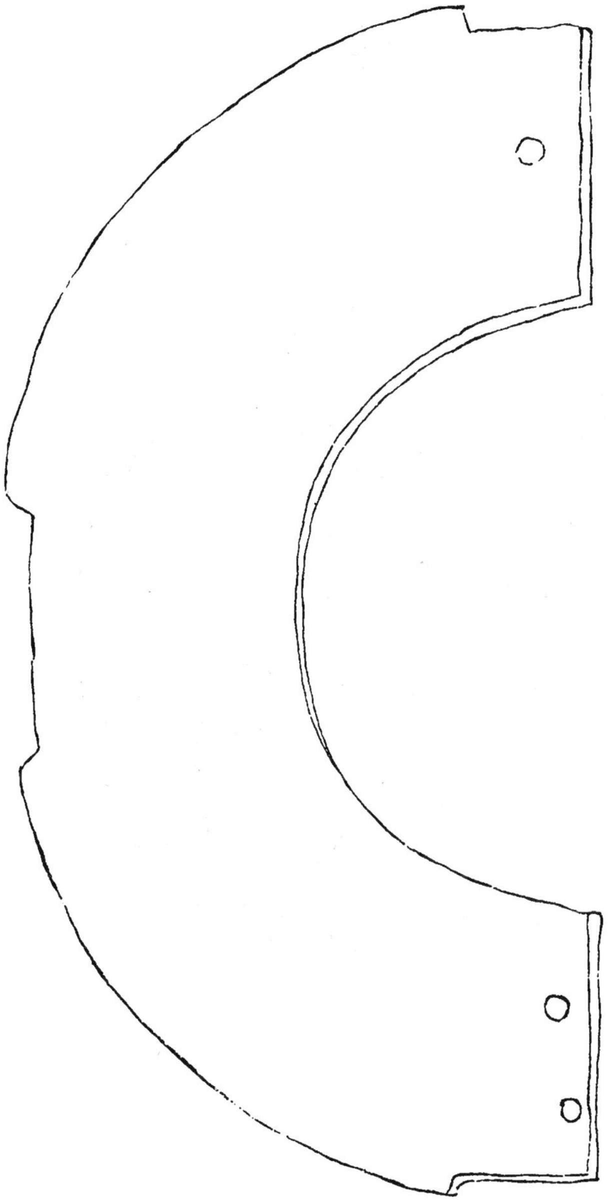

蒲璧

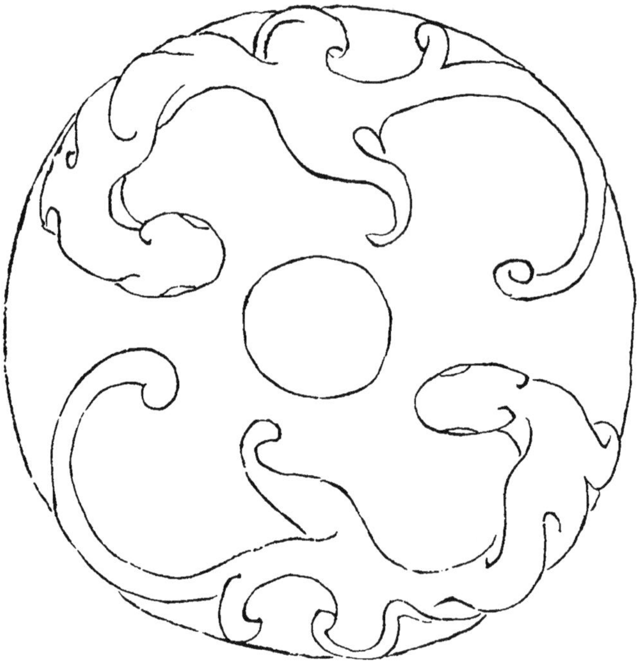

璜

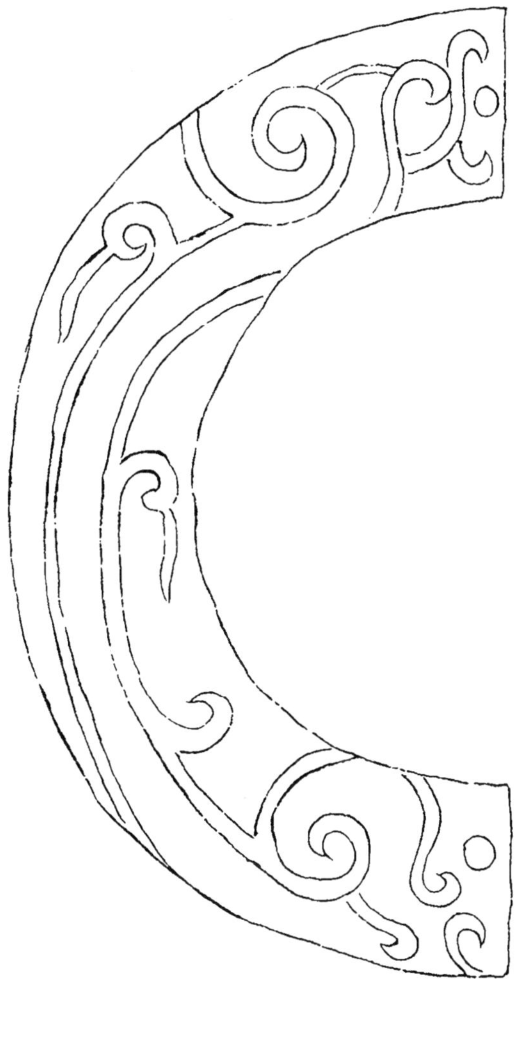

系璧

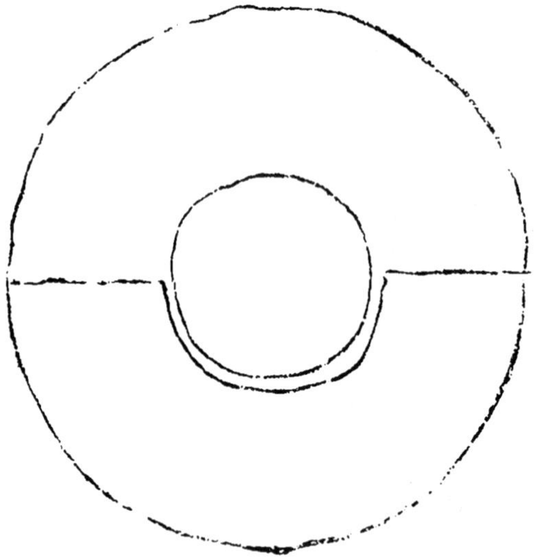

白珩

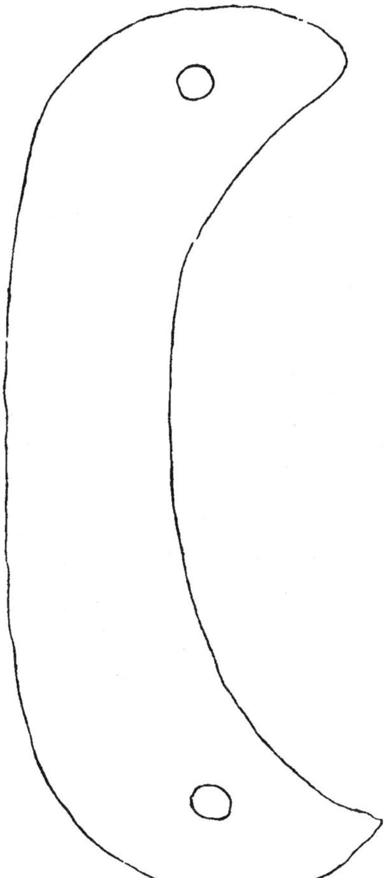

瓊佩曾傳楚白珩當年聲價等連城豈知片玉今猶在三户徒存寶善名

糸璧

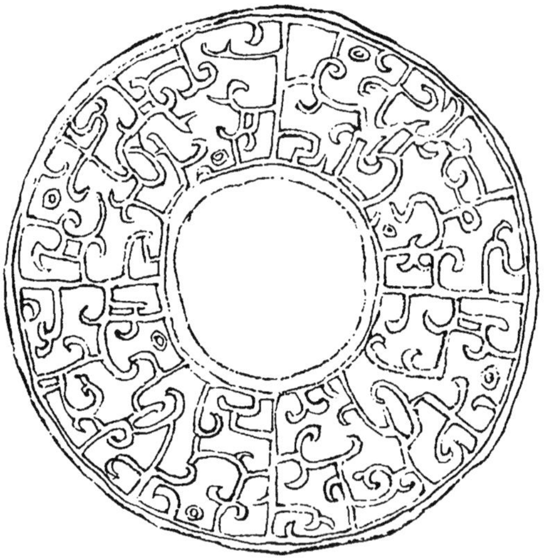

蔥珩

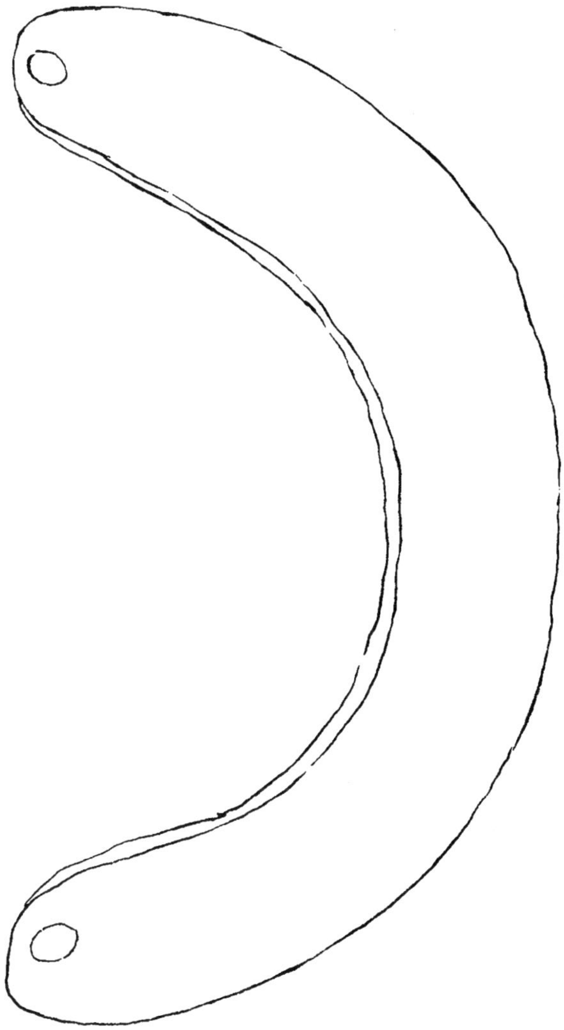

系璧

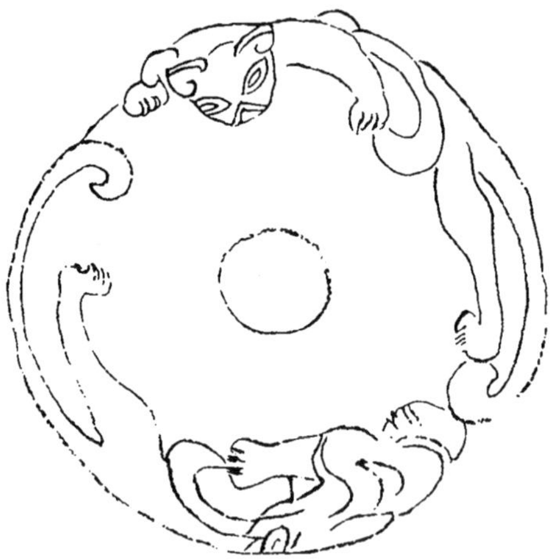

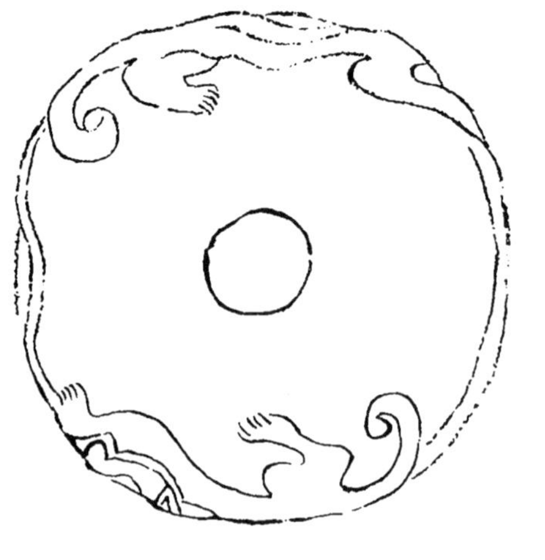

白珩

系璧

佩璜

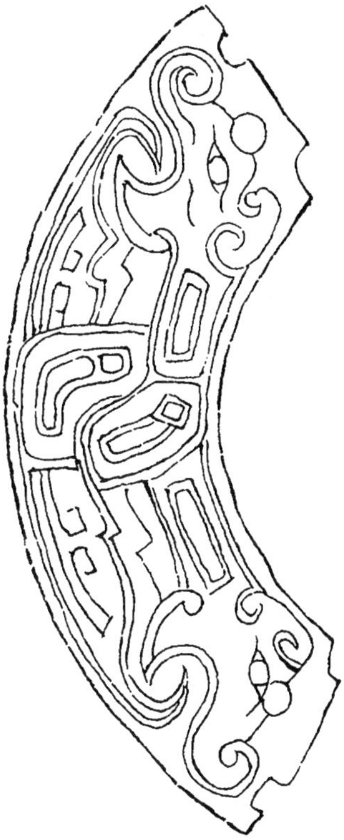

俗名釭頭

黄琮

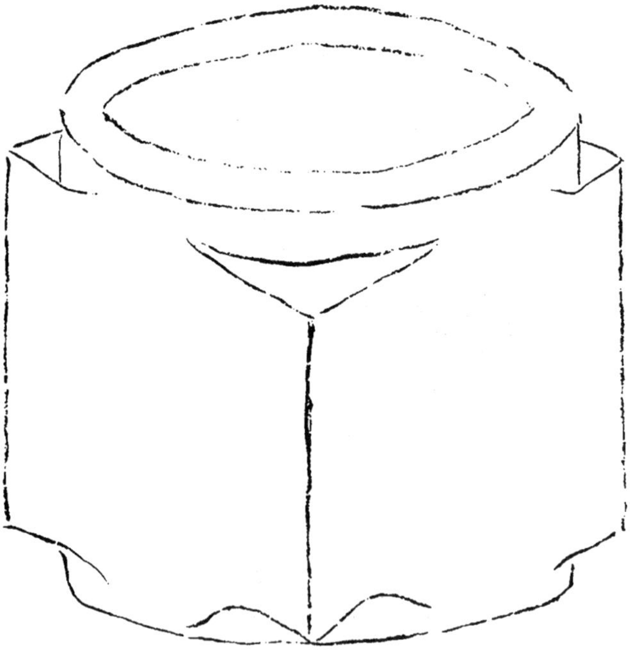

俗名甲拆

拆誤当作襻

琫

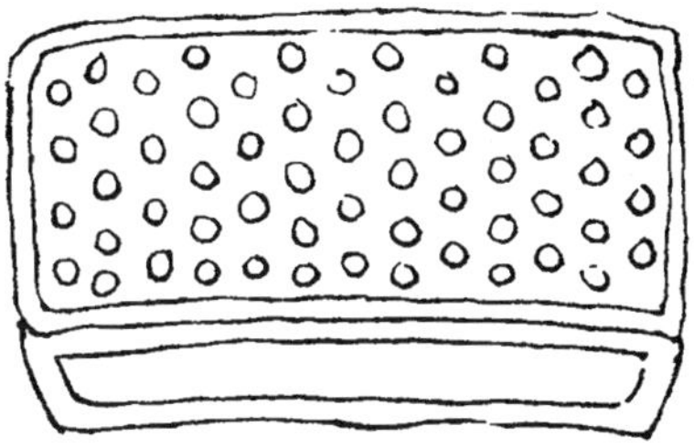

琫

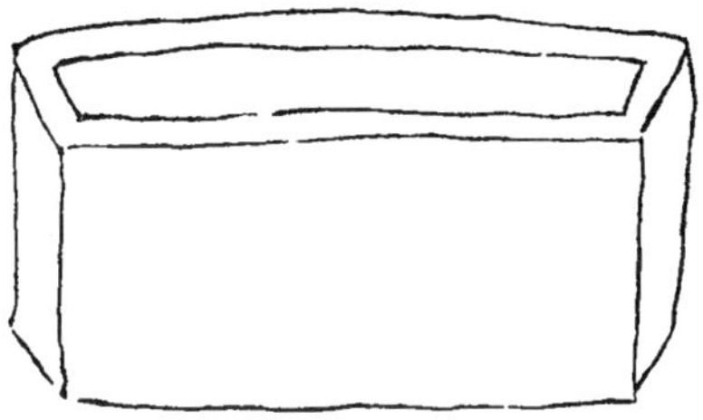

黄琮

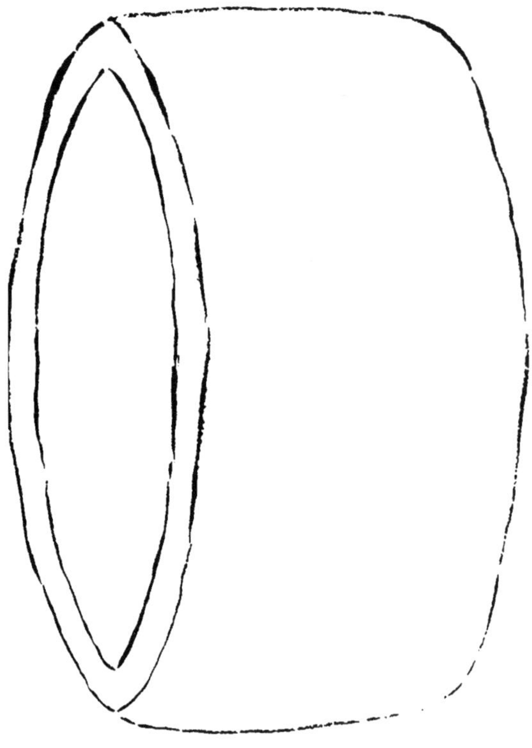

琫

琫

組
琮

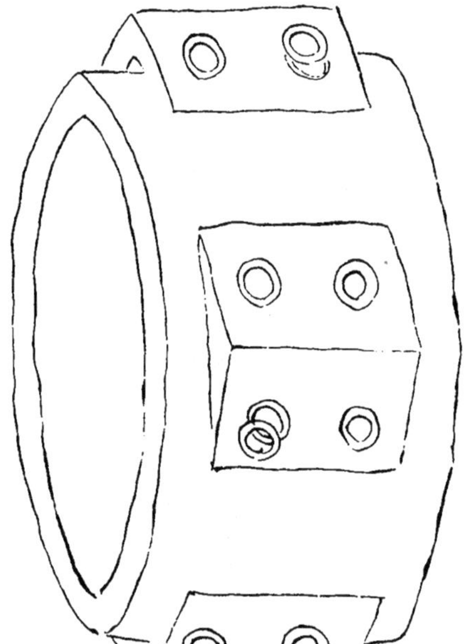

璏

俗名剑戈

璏

組琮

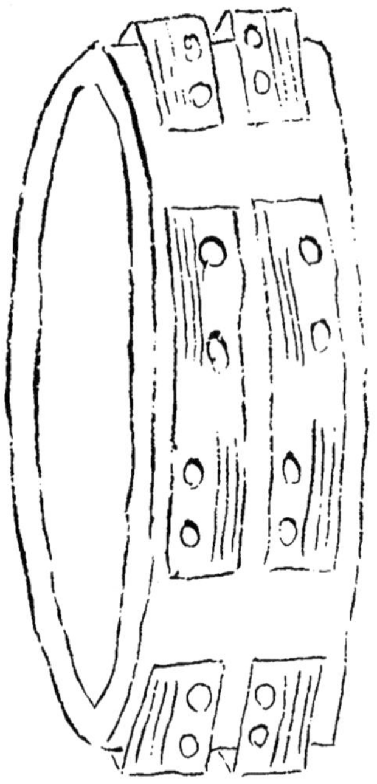

璣

璣

組琮

璏

璏

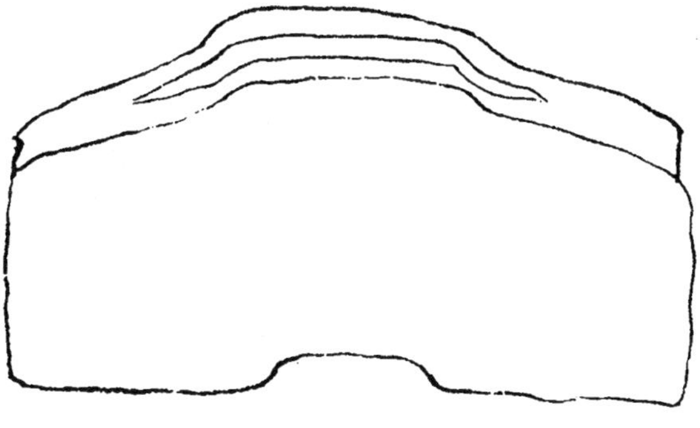

組

琮

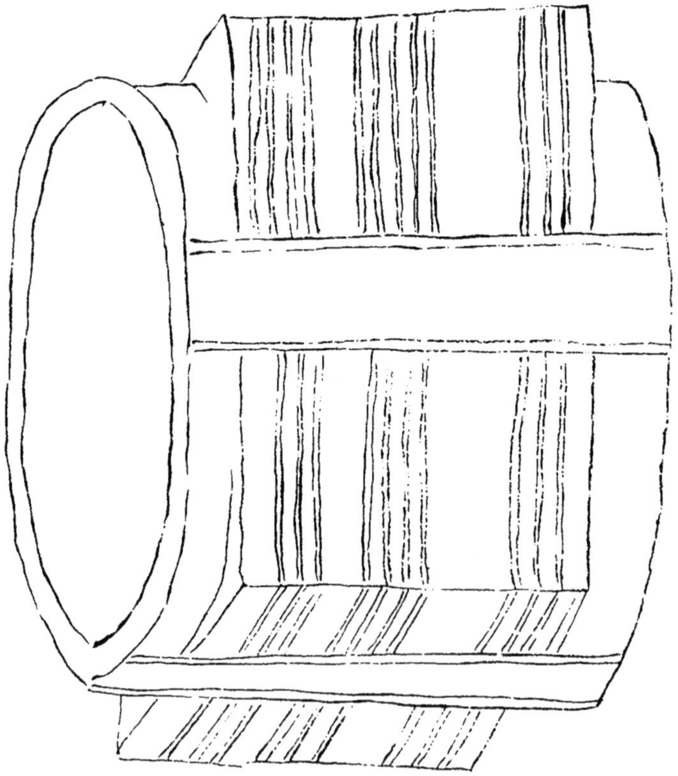

韘

俗名搬指

厚一寸

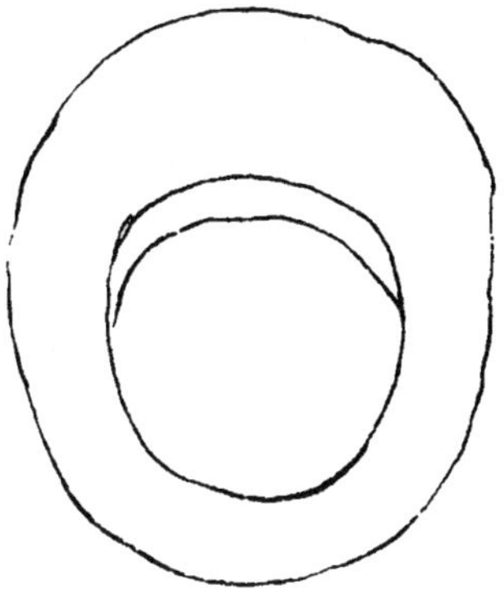

厚三分半

韘

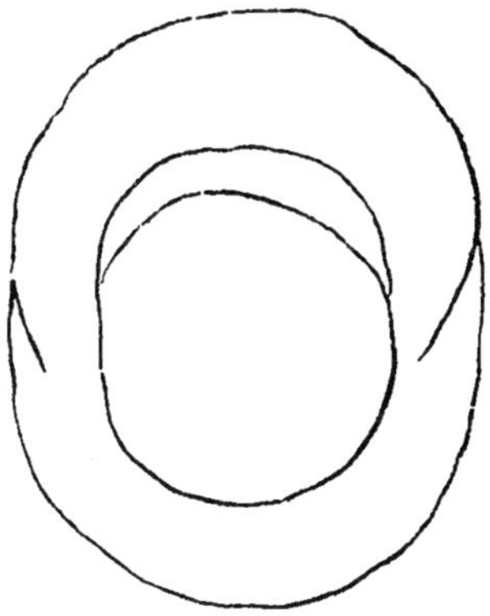

琮

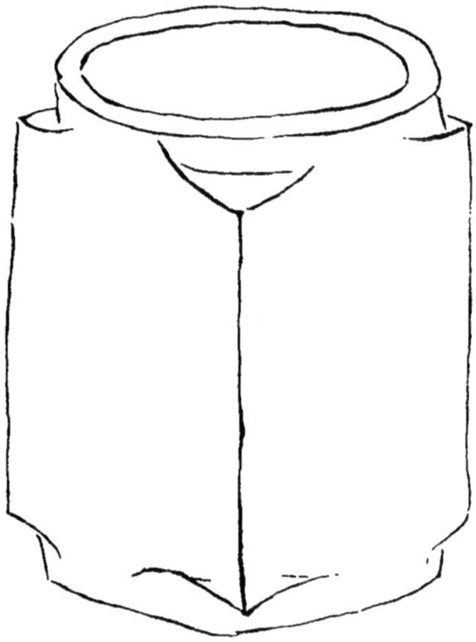

此扁面形者俗名壓須

佩璜

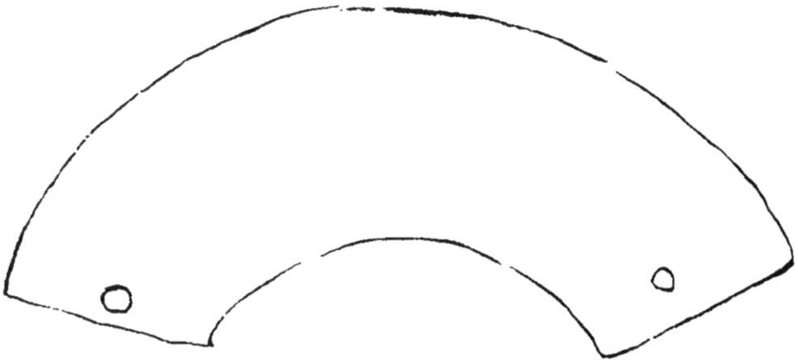

佩璜

璂

俗名壓臍

璂

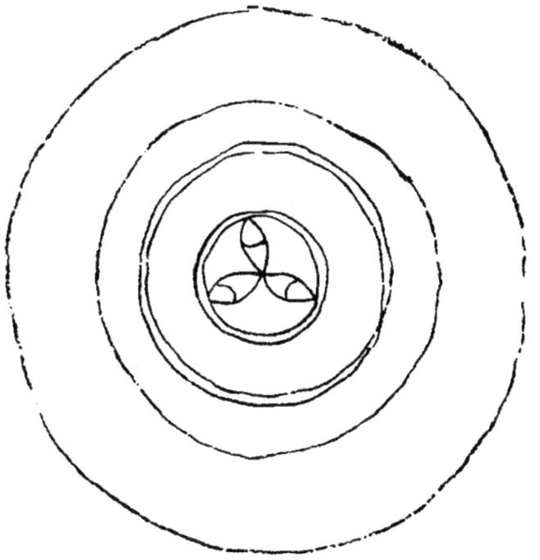

璂

璂

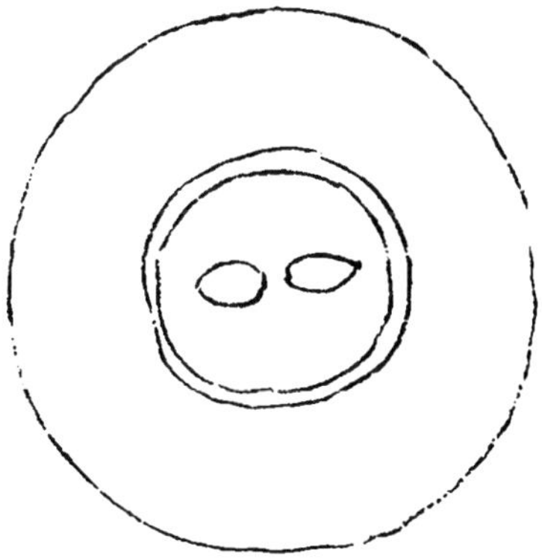

璂

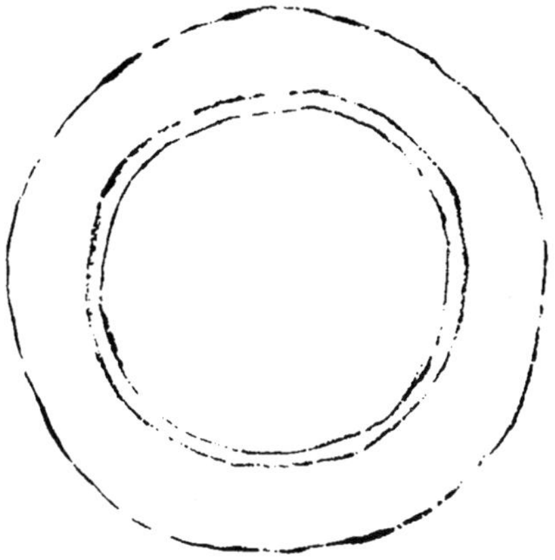

璂

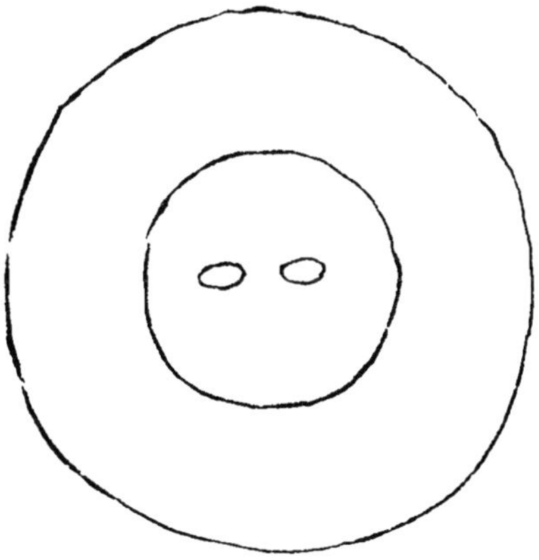

瑱

俗名耳塞

俗名雷錐

瑱

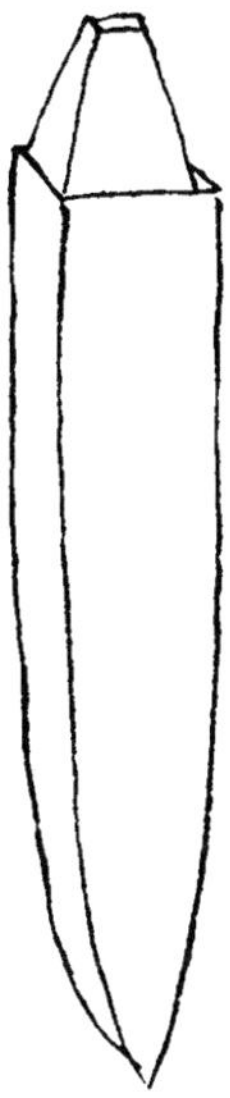

瑱

瑱

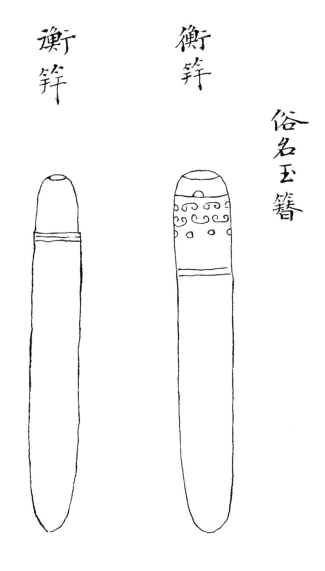

俗名玉簪

衡笄

衡笄

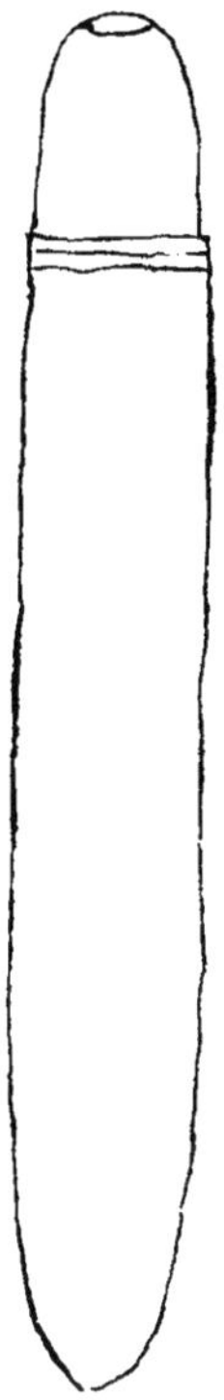

璏

俗名昭文带

璲

鉤

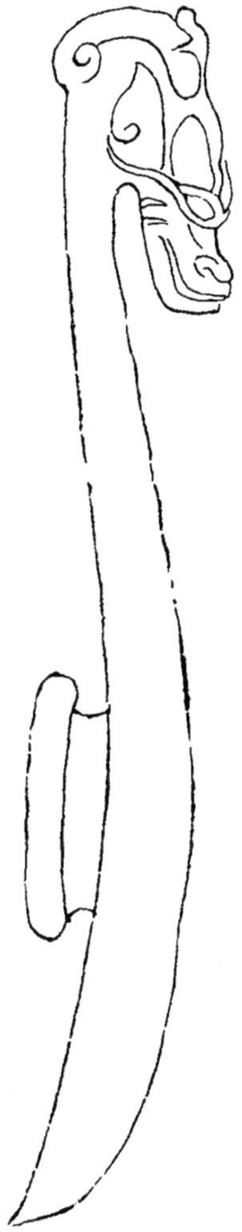

鉤　　鉤

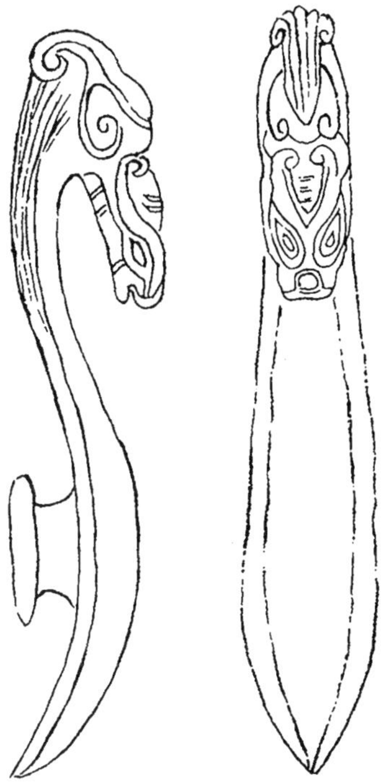

龍文佩

俗名長佩

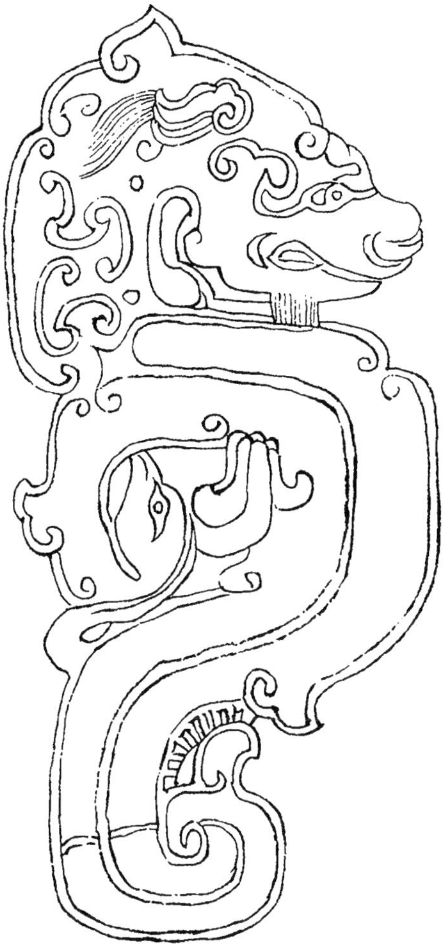

藻文佩

雲文佩

俗名雞心佩

方墊

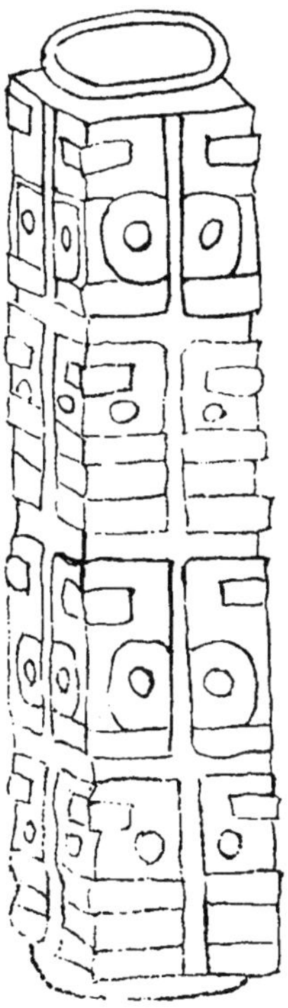

圜墊

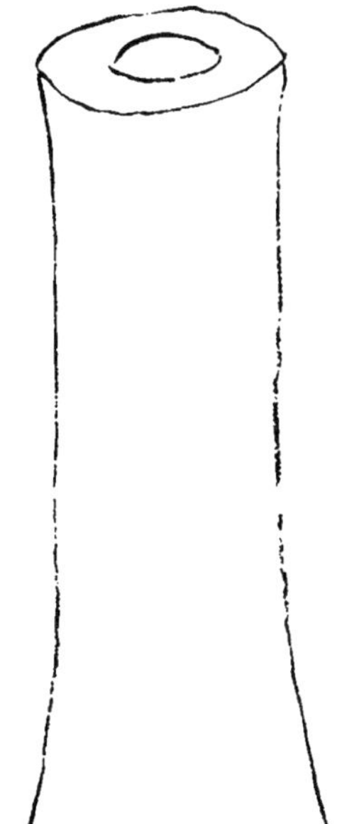

俗名壓舌

琀

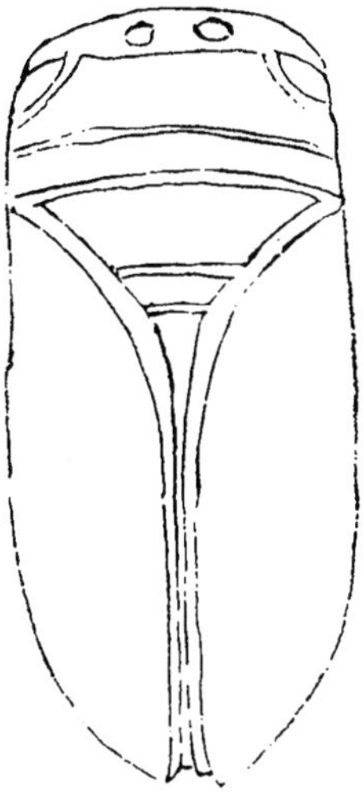

琀

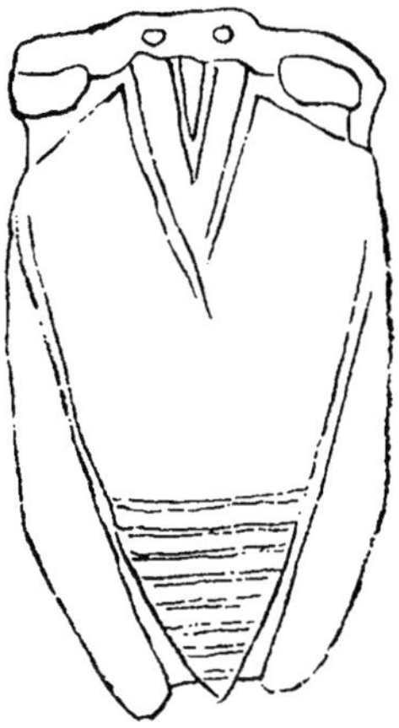

律管

此尺爲西周舊制

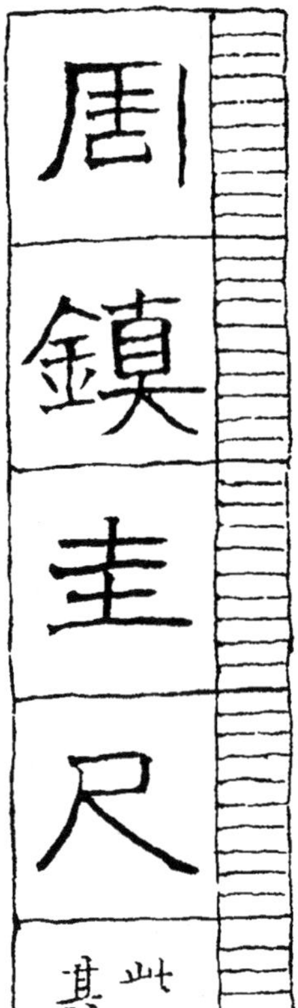

此亦鎮圭也因背有象鼻孔可以系組插於紳帶之間故以搢圭別之

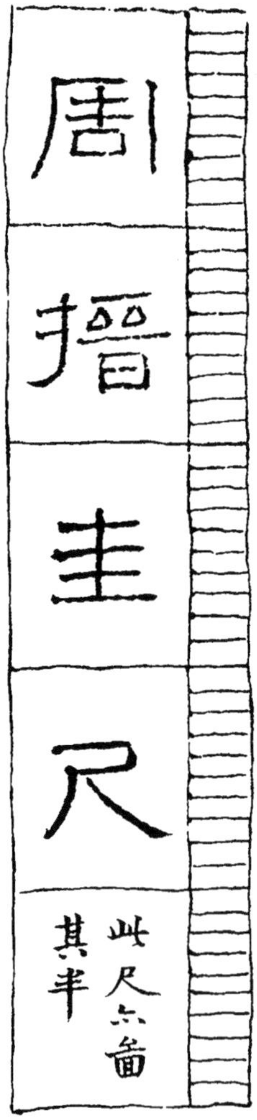

辟瑗

尔雅肉倍好謂之璧好倍肉謂之瑗郭注肉邊也好孔也周禮大宗伯以蒼璧禮天注璧員象天書顧命宏璧説文瑗大孔璧也人君上除陛以相引今世所傳辟多而瑗少

唐王魚符

左武衛將軍見唐姜行本紀文唐銅魚符傳世甚多惟玉符則罕見

琥

說文琥發兵瑞玉為虎文春秋傳曰賜子家子雙琥是鄭注周礼琥猛象秋嚴

大觿 小觿

詩芄蘭童子佩觿傳觿所以解結成人之佩也礼内則左佩小觿右佩大觿注小觿解小結也觿貌如錐以象骨爲之說文觿佩角銳耑可以解結古觿多用角象牙爲之故玉觿傳世絶少

漢剛卯

首句酉月剛卯次句央下一字不可識三句赤青白黃青黃俱減筆四句四色是当与末句莫我敢当之当字正同帝命執戍借尺為执庶疫剛癉借月為疫惟第六句卯上三字皆不可識按漢書王莽傳注引服虔曰剛卯以正月卯日作佩之長三寸廣一寸四方或用玉或用金或用桃著革帶佩之晉灼曰剛卯

長一寸廣五分四方当中央從穿作孔以彩絲葺其底如冠纓頭蕤刻其上面作兩行書文曰正月剛卯既央靈殳四方青赤白黄四色是当帝令祝融以教夔龍庶疫剛癉莫我敢当其一銘曰疾日嚴卯帝命夔化順尔固伏化兹靈殳既正既直既觚既方庶疫剛癉莫我敢当師古曰今往往有土中得玉剛卯者按大小及文服説是也

佩璜

周礼注及國語註引詩傳曰下有双璜貫疏云謂以組懸于衡之兩頭兩組之末皆有半璧曰璜与六瑞之璜大小不同

瑁

玉人云天子執冒四寸以朝諸侯注云名玉曰冒者言德能覆蓋天下也四寸者方以尊接卑以小爲貴説文瑁下云諸侯執圭朝天子天子執玉以冒之尚書大傳曰古者圭必有冒不敢專達也天子執冒以朝諸侯見則覆之

蒲璧

丁艮少山曰古之蒲璧乃織蒲文也未見古璧有刻蒲艸者其説是也

系璧

説文玤石之次玉者以爲系璧从玉丰聲讀若詩曰瓜瓞菶菶一曰若盒蚌段注曰系璧蓋爲小璧系帶閒縣左右佩物也

白珩 蔥珩

詩鄭風毛傳襍佩者珩璜琚瑀衝牙之類說文珩佩上玉也所以節行止也晉語白玉之珩六双韋注云珩佩上飾也珩形似磬而小詩采芑有瑲蔥珩傳云瑲珩聲也玉藻一命緼韍幽衡再命赤韍幽衡三命赤韍蔥衡之文

黃琮組琮琮

今世所傳古玉釭頭其大者皆琮也說文琮似車釭嘉定錢氏說文斠詮云今俗猶稱黃琮為釭頭是也鄭司農云駔讀為組以組系之因名焉白虎通瑞贄引禮云圓中牙外曰琮周禮大宗伯以黃琮禮地注琮八方象地今琮俱四方而刻文每面分而為二皆左右並列與八方之說亦合

琫

小雅鞞琫有珌大雅鞞琫容刀說文琫佩刀上飾也天子以玉諸侯以金小雅毛傳天子玉琫而珧珌諸侯璗琫而璆珌大夫鐐琫而鏐珌士珕琫而珕珌

璏

說文璏劍鼻也王莽傳美玉可以滅瘢欲獻其璏服虔曰璏音衛蘇林曰劍鼻玉也吳世家有藏一古銅劍上有玉柄銅玉相連完好無損可知古之劍鼻有用銅有用玉者

韘

詩芄蘭童子佩韘毛傳云韘玦也能射則佩韘箋云韘之言沓所以彄沓手指說文韘射決也所以拘弦以象骨韋系著右巨指厚薄不匀不知者以為破決所改非也士大夫通用之決用棘与象骨為之惟天子以玉為韘非諸侯以下所得僭用故傳世絕少

璂

說文璂弁飾往往冒玉也或作琪周礼弁師王之皮弁會五采玉琪

瑱

詩淇澳充耳琇瑩毛傳充耳謂之瑱琇瑩美石也天子玉瑱諸侯以石君子偕老玉之瑱也傳瑱塞耳也

衡笄

詩副笄六珈傳笄衡笄也周礼追師追衡笄鄭司農云追冠名衡維持冠者陳氏疏曰男子冠無笄而冕弁有笄冕笄用衡笄以玉爲之所以維持冕也説文笄簪也

璲

爾雅釋器璲瑞也繸綬也注云繸即佩玉之組所以連繫瑞玉者因通謂之繸珩璜俱橫佩而璲則下垂故詩曰鞙鞙佩璲不以其長与芄蘭之容兮遂兮垂帶悸兮皆言佩之下垂也毛傳佩玉遂遂然垂其紳帶悸悸然有節度陳氏疏云遂遂与鞙鞙同蓋古文璲繸皆作遂故說文玉部無璲糸部無繸也

玉鉤

方塾 圜塾

說文玪塾石之次玉者段注云塾玏同字

琀

說文琀送死口中玉也典瑞曰大喪共飯玉含玉注含玉柱左右顛及在口中者今世所傳古玉蟬往往無孔不能佩皆古之含玉也其有孔者為後人所鑿好古家多能辨之

玉律管

說文琯古者玉琯以玉舜之時西王母來獻其
白琯前零陵文学姓奚於伶道舜祠下得笙
玉琯漢書律管古用玉王莽始建國元年正
月癸酉……銅

此冊子康與遜孫忽忽十年書畫皆可觀而遜孫尤精湛不傳惜未假年不竟所業悲夫　乙巳七夕湖上記